SPORT
VERLAG

Alexander Dolin / Iwaki Hideo

KAMPFTECHNIK

Das fernöstliche Geheimnis der Überlegenheit im Alltag

Sportverlag Berlin

Die Deutsche Bibliothek - CIP-Einheitsaufnahme

Kampftechnik : das fernöstliche Geheimnis der Überlegenheit im Alltag / Alexander Dolin ; Iwaki Hideo. [Fotos: Hiroshi Ikushima]. - 1. Aufl. - Berlin : Sportverl., 1992
ISBN 3-328-00493-9
NE: Dolin, Aleksandr A.; Iwaki, Hideo; Ikushima, Hiroshi

ISBN 3-328-00493-9

Erste Auflage
Einband: Theodor Bayer-Eynck
Einbandfoto: Jürgen Henkelmann
Fotos: Hiroshi Ikushima
Satz: IBV Satz- und Datentechnik GmbH, Berlin
Druck: Graphischer Großbetrieb Pößneck GmbH
Ein Mohndruck-Betrieb
Printed in Germany

Inhalt

Einführung

Leben ist Lebenskampf. Das galt und gilt für jeden Menschen, ob früher oder heute. Jedoch ist der Mensch in der Gegenwart ganz anderen Anforderungen ausgesetzt als vor zehntausend oder auch vor nur achtzig Jahren. Der Mensch ist in seiner biologischen Konstruktion geschaffen, Hunger, Angriffe wilder Tiere oder Naturkatastrophen zu überstehen. Der von ihm selbst geschaffenen Zivilisation ist er jedoch nicht mehr gewachsen.

Das Lebenstempo hat sich vervielfacht. Die Ziele auch. Es ist nicht leicht und für viele ganz und gar unmöglich, sich dem Kampf um mehr Geld, Marktanteile, der Befriedigung von Eitelkeiten oder der täglichen Informationsflut zu entziehen. Herzinfarkt, Übergewicht, ein unausstehlicher Chef, Verkehrsstreß oder auch die Angst, nachts allein unterwegs zu sein, heißen die Gefahren heute. Sie belasten jeden, viele werden früher oder später krank.

Die Möglichkeiten der modernen Medizin sind begrenzt, weil in der Regel der bereits entstandene Schaden behandelt wird. Der zivilisierte Mensch muß sich also etwas einfallen lassen, will er im „zivilisierten" Lebenskampf überstehen. Dabei muß jeder seine KAMPFTECHNIK finden, die Schäden von ihm abwendet.

Was kann man tun? Kann man überhaupt etwas tun? Sicher gibt es für den einzelnen nur sehr begrenzte Möglichkeiten, die ihn umgebende Welt zu verändern. Die Möglichkeiten, die Früchte eines solchen Kampfes selbst zu ernten, sind durch das Lebensalter begrenzt. Deshalb muß man nach Möglichkeiten suchen, sein Inneres zu stärken, sich sozusagen von innen aufzubauen, um die Differenz zwischen den übermächtigen Einflüssen einer sich rasant verändernden Umgebung und den eigenen Möglichkeiten und Fähigkeiten abzubauen.

Diese Erkenntnis ist gar nicht neu. In anderen Kulturen, besonders im Fernen Osten, beschäftigt man sich mit diesem Problem seit Jahrhunderten, Jahrtausenden. Wenn Sie sich das nachfolgende Kapitel anschauen, dann werden Sie feststellen, daß im Verhaltenskodex der japanischen Kriegerkaste, dem Bushido der Samurai, die Persönlichkeitsentwicklung – und damit deren innere Stärkung – einen zentralen Platz einnimmt. Ebenso alt sind auch die verschiedenen Techniken, die zu diesem Zweck entwickelt wurden. Mögen sie manchmal auch etwas exotisch anmuten, weil sie in einer anderen Kultur entstanden sind und für uns nicht nachvollziehbar, so sind diese Techniken im Kern für den Menschen westlicher Zivilisation bestens geeignet. Die östlichen Systeme der Selbstvervollkommnung sind in ihrer ursprüngli-

chen Form für uns nicht zugänglich, weil deren Beherrschen eine lebenslange aufopfernde Askese voraussetzt. Was heißt: alle Sorgen und Freuden, alle Angelegenheiten des Alltags um das Erreichen der „höchsten Wahrheiten“ willen zu vergessen. Jeder kann jedoch den Ratschlägen der alten Lehrmeister folgen und die Techniken erlernen, die ein ganz praktisches psychophysisches Training enthalten.
Für diesen Zweck wurden aus verschiedenen japanischen, chinesischen und indischen Methodiken die wirksamsten, rationellsten und einfachsten Techniken ausgewählt und als einzigartiger Leitfaden zum Selbstunterricht zusammengestellt, der von vielen Meister-Generationen der Kampfkunst erprobt und durch unsere eigene Erfahrung bestätigt wurde.
Was können Sie erwarten, wenn Sie sich einige dieser Kampftechniken aneignen – und was nicht?
Wichtig ist zunächst die Feststellung, daß man – obwohl es sich hier nur um eine kleine Auswahl einfacher Prozeduren und Kampftechniken handelt – nicht versuchen sollte, alle auszuführen und zu erlernen. Es handelt sich um ein Angebot, aus dem jeder das Brauchbare für sich entnehmen kann.

- Wer beruflich sehr angestrengt arbeitet, wird sich für ein tägliches Kurzprogramm zur Entspannung und ein suggestives Training (zum Beispiel zur Förderung der Führungsstärke – für Manager besonders wichtig!) entscheiden.
- Der Nachtschwärmer steigert durch Akupressur seine sexuelle Potenz und erlernt einige effektive Selbstverteidigungstechniken.
- Ein dritter gibt sich ganz der Faszination der großen Kempo-Gymnastik hin und findet so sein inneres Gleichgewicht.
- Wer gesundheitliche Probleme hat, sei es Kopfschmerzen, Schlaflosigkeit oder Rückenschmerzen, der wird die Shaolinsche Selbstmassage schätzen lernen.

Die Reihe der Anwendungsmöglichkeiten ließe sich beliebig fortsetzen. Die konkrete Wirkung ist ganz verschieden. Sie hilft aber als ganz individuelle Technik, das Leben besser zu meistern.
Wer lange genug die Übungen ausführt, wird an sich ganz erstaunliche Veränderungen spüren. Der Lebenstonus wird bedeutend erhöht. Die Muskeln füllen sich mit Kraft, die Glieder erhalten jugendliche Geschmeidigkeit, die Sexualpotenz erhöht sich. Die inneren Organe funktionieren ohne Beschwerden, die Bioenergie zirkuliert kontinuierlich im Organismus, das Gehirn ist zu jeder Zeit bereit, Informationen aufzunehmen und zu verarbeiten.
Vor einem Trugschluß sei jedoch gewarnt. Viele geben nach anfänglicher Begeisterung wieder auf, frustriert, weil mit einigen Übungsstunden die Harmonie von Körper und Geist nicht zu erreichen ist oder weil Ängste nicht so wie erhofft überwunden werden. Der Weg dahin ist schon etwas länger.
Zuerst gilt es, die Techniken zu begreifen, dann erst bekommt man ein Gefühl für die Kunst der jeweiligen Kampftechnik. Die alten Weisen sagten dazu: „Das Wissen stammt von deinen Lehrern, die Weisheit aus deinem Inneren.“
Die Meister haben erkannt, daß die Prinzipien im Kampfsport denen des Lebens überhaupt gleichen. Lernt man Techniken, die für einen bestimmten Zweck vorgesehen sind, lernt man mit der Zeit auch Techniken für den alltäglichen Lebenskampf, für sinnvolles und zielgerichtetes Verhalten überhaupt. Was ist darunter zu verstehen? Zur Erklärung hier nur einige Beispiele:

- Entwickle Deine mentalen, physischen, spirituellen und emotionalen Fähigkeiten!
- Lenke Deine überschäumenden Kräfte in posi-

tive Bahnen, und vervielfache damit Deine Kräfte!

- Handle effektiv, ohne Zeitverzug mit Konzentration auf die jeweilige Zielrichtung!
- Vermeide Ablenkungen durch nebensächliche Tätigkeiten, die nur Kräfte vergeuden!
- Sieh mögliche Veränderungen rechtzeitig, und reagiere bereits vorher angemessen!
- Handle entschlossen, und bewahre Deine Gelassenheit unter Streß und Belastung, bahne dabei unbeirrt Deinen eigenen Weg durch den Strudel von Veränderungen!
- Gehe unüberwindlich scheinende Probleme mit einem Reservoir innerer Ruhe und Gelassenheit an!
- Erziele maximale Ergebnisse mit einem Minimum an Kraft- und Zeitaufwand!

Dies sind Lehrsätze alter Meister fernöstlicher Kampfkünste. Stünden sie aber nicht auch ganz richtig in einem modernen Lehrbuch, zum Beispiel für angehende Manager?

In diesem Buch finden Sie weit über hundert Kampftechniken und noch viel mehr Ratschläge und allgemeine Verhaltensregeln, die Sie anwenden können, um Beschwerden zu lindern, Krankheiten zu bekämpfen, verschiedenste Situationen zu meistern, in die Sie im Alltag geraten können, und natürlich um Ihre persönlichen Ziele effektiver zu erreichen. Dabei wurden nur die Übungen, Rezepte usw. als „Kampftechnik“ deklariert, die aus dem asiatischen Raum stammen. Einige, wie beispielsweise autogenes Training, sind ja inzwischen auch in die westliche Schulmedizin integriert. Alle diese Kampftechniken sind mit einer Nummer versehen, damit Sie beim Blättern rasch „Ihre Kampftechniken“ wiederfinden können.
Denken Sie daran: Nicht das „leidliche“ Beherrschen einer Vielzahl von Kampftechniken wird Ihnen letztlich helfen, Ihren Alltag zu meistern, sondern die Beschränkung auf einige wenige, Ihren Bedürfnissen entsprechende, die Sie regelmäßig üben und anwenden!

Die fernöstliche Wissenschaft vom Leben

Für jeden, der sich nicht von der Außenwelt abschließt, werden die Formen und die Gegenstände von selbst verständlich. Die Bewegungen solch eines Menschen sind natürlich, wie der Wasserstrom, seine Ruhe ist rein, wie der Spiegel, seine Antwort ist schnell, wie das Echo.

Guanzi

Zahlreiche Schulen des psychophysischen Trainings (Kempo) waren im Laufe von Jahrhunderten in Indien, China, Vietnam, Korea oder Japan immer eine einzigartige einheitliche Schule des Lebens.

Die Lehrmeister, die Bewahrer der Traditionen bildeten die Jugendlichen in den Gesetzen des Lebenskampfes aus, damit diese ihrerseits das ewige Wissen den kommenden Generationen übergaben. Die Geheimnisse der chinesischen Kunst und die Rätsel des japanischen Wirtschaftswunders sind in gleichem Maße auf diese „Wissenschaft des Lebens" zurückzuführen, ernähren sich von Wurzeln und gehen von ihren philosophischen Postulaten aus.

Um die Erfahrungen des Ostens in ihren einzelnen besten Erscheinungsformen heute ausnutzen zu können, ist es sehr wichtig, eine Vorstellung über grundlegende Gedanken des Systems zu haben, das diese fernöstlichen Gesellschaftsgefüge mit den sozialen Gesetzen, ethischen und ästhetischen Grundsätzen geschaffen hat. Das erleichtert das Verständnis für die uns Europäern manchmal seltsam anmutenden Techniken und erhöht damit auch deren Effekt.

Nach der überlieferten Lehre wurde die Natur des Menschen von Erde und Himmel erschaffen, weil alles auf der Welt ein Erzeugnis von Erde und Himmel ist. In der Wechselwirkung der winzigsten Partikel des Himmels und der Erde entstanden Yin und Yang, die untrennbar miteinander verbundenen Kräfte der Finsternis und des Lichts, des Bösen und des Guten, der Kälte und der Wärme, die auch die weiblichen und die männlichen Prinzipien verkörpern. Aus dem ewigen Zusammenwirken der Polarkräfte Yin und Yang entsteht die ganze Unmenge von Gegenständen, es bestimmt alle Metamorphosen in der Natur und der Gesellschaft.

In der organischen und anorganischen Natur sind alle belebten Geschöpfe und unbelebten Gegenstände durch das Zusammenwirken von Yin und Yang aus ein und demselben „Material" erschaffen, wobei sie ihrem Wesen nach eine Konzentration von Bioenergie sind (chinesisch Zi, japanisch Qi). Die Reinigung des Qi muß zum Ziel des Menschen auf seinem Lebensweg werden, d. h. ständige körperliche und geistige Selbstvervollkommnung, und dafür muß er die Gesetze der Natur begreifen.

Die Verbindungen der Mikropartikel, der Träger der Bioenergien, die Myriaden verschiedener Formen besitzen, werden aus fünf Urelementen (Naturkräften) geschaffen: Wasser, Feuer, Holz, Metall und Erde. Jedes Objekt in der organischen und anorganischen Natur kann einem der Elemente zugeordnet werden, oder es handelt sich um eine Kombination mit Dominanz eines Elements. Die Urelemente haben ihre Entsprechungen auch in den inneren Organen des Körpers und in allen fünf Sinnesfunktionen des Menschen, indem sie die Fünferreihe der Licht-, Gehör-, Geschmacks-, Tast- und Geruchsempfindungen bilden.

Diese naturphilosophischen theoretischen Überlegungen führen zu dem Gedanken, daß der Mensch lernen kann, das „Spiel der Elemente" bewußt zu lenken. Jedoch ist der Ablauf der Metamorphosen des Weltalls nur zu begreifen und zu nutzen, wenn die Einheit des ganzen Daseins, die natürliche Reihenfolge der Dinge, das große Dao – der allgemeine Weg der Lebensentwicklung – bewußt wird.

Das Dao symbolisiert im östlichen Wertsystem Weltharmonie, Ordnung, Gleichgewicht und volle Realisierung der Möglichkeiten jedes Menschen. Das Kempo ist *ein* Weg der psychophysischen Vervollkommnung und *eine* Methode des Erkennens des Dao und enstprechend *eine* Methode der Optimierung der körperlichen psychischen und intellektuellen Potenzen. Um in der natürlichen Harmonie des Daseins leben zu lernen, muß man die in jedem von uns vorhandene Bioenergie beherrschen, die Fähigkeit erlernen, sie nach eigenem Wunsch zu steuern. Durch die Beherrschung der Energie muß man nach der Erleuchtung des Geistes streben. Der erleuchtete Geist und die „gereinigte" Energie müssen sich aber an einem würdigen Ort befinden, deshalb muß man sich in jeder Art und Weise um seinen Körper kümmern, ihn hüten und durch spezielle Übungen entwickeln.

Je nach Zeit, Ort und Bedingungen des Entstehens setzten verschiedene religiöse Kempo-Sekten und -Schulen, die zweifelsohne eine gemeinsame philosophische und medizinisch-biologische Grundlage hatten, ihren Adepten verschiedene Ziele. In einem Falll handelt es sich um die Abkehr von der Welt in religiöser Askese, mit dem Ziel der Überwindung und Bezwingung irdischer Leidenschaften und dem Verzicht auf jede gesellschaftlich-politische Tätigkeit. Dabei sollte das psychophysische Training gleichsam als eine Brücke aus Sansara (irdischer Lebenslauf) zu Nirwana (Gefilde der friedlichen Ruhe) dienen. Ein anderes Ziel bestand in der Ausbildung eines „Übermenschen", der in der Gesellschaft lebt, jedoch über allen sozialen Problemen steht kraft seiner Gabe, die Realitäten zu erfassen. Im dritten Fall wurden die erworbenen Fähigkeiten in den Dienst der Interessen bestimmter gesellschaftlicher Gruppen gestellt. Ein Beispiel dafür ist die Ausbildung, die im mittelalterlichen Japan die Samurai erhielten, ein elitärer Stand, der im Staatsapparat alle wichtigen militärischen und administrativ-wirtschaftlichen Ämter bekleidete.

Es ist bekannt, daß der Sittenkodex des Samurai Bushido einen großen Einfluß auf die Gestaltung der ganzen Lebensweise der japanischen Nation ausgeübt hat. Die Japaner haben ihre Entwicklung der Methodik der geistigen und körperlichen Vervollkommnung dieser Kriegerkaste im großen Maße zu verdanken, und es wäre für die gegenwärtigen „Ritter der Geschäftswelt" nutzbringend, sich mit den wesentlichsten Geboten der alten Samurai auszurüsten.

Die moralischen Hauptgrundsätze des Bushido, die sich auf konfuzianische Tugenden stützen, bestimmten die Lebensweise des mittelalterlichen Kriegers, des Staatsbeamten, des Unternehmers.

Die meisten Grundsätze des Samurai-Kodex sind auch heute noch wirksam:

– Liebe zum Vaterland
– Treue zum Schwur und zur Pflicht
– Ehrerbietung gegenüber den Eltern und Liebe zu den Familienangehörigen

- Eifer und Fleiß
- Achtung für Übergeordnete und Nachsicht mit Untergeordneten
- Bescheidenheit und Zurückhaltung
- Menschlichkeit und Feingefühl
- Verfeinerung der Umgangsformen
- Kenntnisse in Literatur und Kunst
- Mut, Fähigkeit zur Selbstaufopferung
- Härte und Kaltblütigkeit
- Geduld und Ausdauer
- Offenheit und Gerechtigkeit
- Fähigkeit, auf Ehre und Ansehen zu halten
- Vermeiden von Eitelkeit und Prunksucht.

Die Hauptidee der Pflicht und der Ehre läuft nicht auf blinde Erfüllung aufgetragener Verpflichtungen hinaus. Die Verantwortung gegenüber dem Land, der Sippe, der Firma, dem Andenken an die Ahnen und den kommenden Generationen verleiht dem Streben des Menschen nach geistiger und körperlicher Vervollkommnung, nach harmonischer Einheit von himmlischen, irdischen und menschlichen Grundsätzen ein besonderes Gewicht. Fleißige Arbeit und ständige Selbsterkenntnis dienen auf dem gewählten Weg, der auch dazu berufen ist, den Menschen an den einheitlichen Weg (Do) des Weltalls heranzuführen, als Unterpfand der inneren Harmonie und des äußeren Erfolgs.

Das Ideal der harmonischen Persönlichkeit ist in der fernöstlichen Weltanschauung ein Mensch, der das Gesetz der allgemeinen Übereinstimmung erfaßt und es erlernt hat, sich an die Natur und die Gesellschaft, an seine Umgebung durch das Einschalten in das „Spiel der Elemente" anzupassen.

Das östliche Psychotraining, das den Kernpunkt der Kempo-Lehre bildet, stellt einige Hauptforderungen an die Persönlichkeit.

1. Natürliches Verhalten, innere Ruhe, Gelassenheit und Zurückhaltung

Dieser Grundsatz schließt ein aktives Leben nicht aus, sondern fördert es. Wenn Sie die Selbstbeherrschung bewahren und Ihre Emotionen kontrollieren, bleiben Sie Herr über jede Situation und können einen Ausweg aus jeder Sackgasse finden. Die unerschütterliche Ruhe in der Kempo-Tradition wird bestimmt durch die bildhaften Vorstellungen „Geist, der dem Wasser gleich ist" und „Geist, der dem Mond gleich ist".

Im ersten Fall wird der Geist mit einem ruhigen Wasserspiegel verglichen, der ein genaues Spiegelbild jedes Gegenstandes wiedergibt. Weht aber ein Wind, vernichtet das Kräuseln das Spiegelbild, wird es so verzerrt, daß es nicht wiederzuerkennen ist. Wird der Mensch von Furcht, Aufregung, Zorn ergriffen, erweisen sich sein Geist und seine Vernunft als machtlos im Angesicht eines gefährlichen Gegners.

Durch den Vergleich des Geistes mit dem Mond erinnern die Zen-Patriarchen an einen Strahlenschein, der alles ringsumher beleuchtet, jede Schwäche in der Verteidigung des Gegners deutlich macht. Wenn aber die Wolken den Himmel bedeckt haben, wird der Mondschein trübe. Der Überschuß an Emotionen kann die Selbstkontrolle stören, und der Mensch gleicht einem Wanderer, der sich in der Finsternis vorantastet.

Es ist vor allem die Natürlichkeit des Verhaltens, die das energetische Gleichgewicht des Organismus und die innere Ruhe gewährleistet. Die Gelassenheit und innere Sammlung ermöglichen es, auf die feinsten Schattierungen der Ereignisse und Probleme scharfsinnig zu reagieren, so wie der Wasserspiegel vom winzigsten Windhauch in Bewegung gerät. Dem Prinzip der Natürlichkeit folgend, wird der Mensch sogar in schwierigsten kritischen Momenten die Selbstbeherrschung nicht verlieren. Im Bewußtsein der Relativität des Guten und des Bösen, des Gewinns und des Verlusts kann er sich auf die Launen des Schicksals einstellen, Emotionen kontrollieren und auf jede Handlung entsprechend reagieren. Das Erfassen der Wechselwirkung der Ereignisse, der allgemeinen Gesetzmäßigkeiten, nach denen Natur und Gesellschaft funktionieren, verschafft außerdem die höchste „moralische Weisheit", die Fähigkeit und die Bereitschaft zu würdigen Taten sogar in schwierigsten und unvorhergesehenen Situationen. Schnelligkeit und Beweglichkeit der Reaktion, Flexibilität des Denkens, Gelassenheit und optimistische Ansichten – all dies sind Ableitungen vom Prinzip der Natürlichkeit, wie auch die Überwindung der Furcht, auch der Furcht vor dem Verlieren, der Krankheit, dem Tode.

Die Konzeption der Natürlichkeit des Lebens unterscheidet sich vom westlichen Fatalismus gerade dadurch, daß der Mensch eine Möglichkeit erhält, auf sein Schicksal einzuwirken und die Lebensumstände zu seinen Gunsten zu ändern, nachdem er die innere Logik der Entwicklung der Vorgänge erfaßt hat. Die Anstrengungen müssen aber genau eingeteilt, zur rechten Zeit und am rechten Ort unternommen werden. Das Prinzip der Natürlichkeit befreit von unnötiger Unruhe, sinnlosen Verwirrungen und fruchtlosen Gemütsbewegungen. Wer seine Möglichkeiten analysiert, abwägt und deren Maß bestimmt, der wird nicht betrübt sein darüber, daß der Konkurrent ein besseres Geschäft abgeschlossen hat und der Partner nicht zur rechten Zeit Unterstützung geben konnte. Ein Mißerfolg, der die Lebenserfahrungen bereichert, wird gelassen aufgenommen, und danach wird versucht, die Lage zu ändern.

2. Fähigkeit zur Anpassung an alle Umstände und zur Überwindung durch Nachgiebigkeit

Aus dem Prinzip der Natürlichkeit ergibt sich das Prinzip des „Nicht-Tuns", auf dem die ganze Theorie und Praxis der Kampfkünste beruht. Das Nicht-Tun ist eine Fähigkeit, durch Nachgiebigkeit zu siegen, indem auf Gewaltanwendung und groben Druck verzichtet wird. „Der Weg zu ständigen Siegen heißt Schwäche, der Weg zu ständigen Niederlagen heißt Kraft" – sagte der chinesische Weise des VI. Jh. v. Chr., Liezi. Bescheidenheit, Demut, Höflichkeit, äußere Passivität und offene Friedlichkeit, die durch innere Kraft und Kenntnis der Kampfgesetze bekräftigt sind, können viel mehr geben als blinde Aggressivität, rasender Ansturm und Hartnäckigkeit eines Nashorns: „Willst du hart sein, bewahre die Härte mit Hilfe der Sanftheit; willst du stark sein, hüte die Stärke mit Hilfe der Schwäche".

Die Kempo-Theorie ruft nicht zur passiven Lebenshaltung auf, sondern zeigt den Weg der effektivsten Handlung mit minimalem Kraftaufwand. Wer auf vorgefaßte Meinungen, Vorurteile, erstarrte Dogmen verzichtet, die Trägheit des Denkens überwindet, kann auf jede unerwartete Änderung angemessen reagieren und dabei die eigene Persönlichkeit wahren. Wer über den Verlauf der Dinge objektiv urteilt, kann Einseitigkeit vermeiden, immer positive Elemente in den Geschehnissen finden und sich dadurch gegen Krisen und aussichtslose Lagen „sichern". Das Wasser des Flusses fließt auseinander, wenn es auf seinem Weg Geröll und Sandbänken begegnet, um sich dann wieder zu schließen und seinen Strom fortzusetzen. „Das Wasser ist das weichste und nachgiebigste Wesen in der Welt – lehrte der große Philosoph Laozi –, aber nichts kann es besiegen".

In komplizierten alltäglichen Zusammenstößen ist es manchmal auch nützlich, wenigstens in Nebenfragen nachzugeben, um danach seine Kräfte zu konzentrieren und in der Hauptrichtung einzusetzen.

3. Fähigkeit, Emotionen und bioenergetische Ressourcen im Organismus zu steuern, die Kräfte im Lebenskampf nüchtern zu berechnen

Somit ist es die tägliche Arbeit an sich, die eine Empfindung von kleinen alltäglichen „Siegen" verleiht, die letzten Endes auf einen großen Sieg, den Triumph der Sache gerichtet ist. Der Ausgang des Kampfes hängt ja von Ausbildung, Abhärtung und Kunst jedes „Kriegers" ab, und vom Ausgang jedes Kampfes hängt der Ausgang des ganzen „Krieges" ab.

Nach der Lehre des großen Strategen Sunzi wird der Sieg durch vier Komponenten gesichert: Vorbereitung und Kennenlernen der eigenen Kräfte, richtige Beurteilung des Gegners, Berechnung der Zeit und Kenntnis der Lokalität und der Kampfbedingungen; mit Rücksicht auf mögliche unerwartete Ereignisse („Wandlungen und Veränderungen").

Die taktischen Hauptprinzipien laufen auf die Tarnung der eigenen Absichten durch ablenkende Manöver, blitzschnelle Reaktionen und die Fähigkeit zur Konzentration auf die Hauptrichtung hinaus. Dabei muß das energetische Potential des Gegners richtig beurteilt werden, seine Mißgriffe und Fehler ausgenutzt und im Kampf gleichzeitig auf Psyche, Willen und Vernunft eingewirkt werden, um ihn schließlich zur Kapitulation zu zwingen. Der beste Sieg ist aber der Sieg, der ohne Kampf und nur durch psychologische Einwirkung oder Überzeugung errungen wurde, d. h. durch Nicht-Tun.

4. Fähigkeit, alle Mißerfolge zu überwinden, im Kampf Freude zu finden und die Niederlage in den Sieg zu verwandeln

Einer der Grundsteine der Kempo-Theorie ist das Prinzip der Einheit von Verteidigung und Angriff, das als Grundgesetz des Kampfes bezeichnet werden kann. Man muß unter keinen Umständen die Initiative verlieren, indem man sich darum bemüht, die scheinbar unvermeidliche Niederlage in einen Sieg zu verwandeln: „Wenn man die Chanshan-Schlange auf den Kopf schlägt, schlägt sie mit dem Schwanz zurück, wenn man sie auf den Schwanz schlägt, schlägt sie mit dem Kopf zurück, wenn man sie in die Mitte schlägt, schlägt sie mit dem Kopf und dem Schwanz zurück".

Da im Leben verschiedene Veränderungen unvermeidlich sind, muß man immer dazu bereit sein und Schmerzen, Leiden und Verluste als eine Unvermeidlichkeit, als Kehrseite der Erfolge und der Errungenschaften auffassen. Bereits sehr früh hat man erkannt: Es gibt keine Erscheinung, die eindeutig negativ oder eindeutig positiv ist. Die Erfassung des Lebens in all seiner Widersprüchlichkeit, im komplizierten Wechselspiel von Yin und Yang hilft, Feinde und Freunde, Partner und Beschützer stets aufs neue zu erkennen. Die Fähigkeit, die Geschehnisse vernünftig und objektiv einzuschätzen, hilft, Schwierigkeiten und Streß zu überwinden. Der Streß ist ja eigentlich ein für das menschliche Leben notwendiges Ferment, das dem Leben Geschmack, Farbe und Aroma verleiht. Ohne Streß wird das Leben uninteressant, unbedeutend und monoton. Es ist nur wichtig, daß ein Streß nicht in Enttäuschung und Unsicherheit umschlagen kann. Für eine starke, selbstsichere Persönlichkeit ist jeder Streß gleichsam eine Bewährungsprobe des Willens zum Kampf, ein neuer Ansporn zur Geschäftstätigkeit.

5. Fähigkeit, das gestellte Ziel unbedingt zu erreichen, durch Selbstbeschränkung, Enthaltsamkeit, Unterdrückung schlechter und Entwicklung nützlicher Gewohnheiten

Eine große Rolle bei der Entwicklung solch einer Fähigkeit spielen die regelmäßige Ausführung der Atemübungen und der gymnastischen Kempo-

Komplexe sowie autogenes Training nach einem bestimmten Programm. Die Selbstaufopferung um der inneren Pflicht willen ist die höchste Erscheinungsform der moralischen Eigenschaften eines vollkommenen Menschen.

6. **Fähigkeit, kleinliche Bosheit, Neid, Heuchelei und Falschheit zu vermeiden, indem in jeder Situation ein würdiger Weg gewählt und unter keinen Umständen auf die Prinzipien verzichtet wird.**

Dies bedeutet, daß im Lebenskampf der Spruch „Der Zweck heiligt die Mittel“ unannehmbar ist und ein würdiger Mensch sich nicht durch unehrenhafte und zweifelhafte Taten um des Sieges willen erniedrigt.

Sich auf die Prinzipien der Gerechtigkeit und Menschlichkeit stützend, die Gebote der alten Meister beachtend, kann der Mensch sein Schicksal (Karma) aktiv beeinflussen. Sein Geist und sein Körper werden zum Träger des höchsten Wegs Dao, eines universalen Gesetzes des Weltalls.

Für den Menschen, der bestrebt ist, seinen Weg bis zu Ende zu erfassen, wird jeder Schritt auf diesem Wege mit Sinn erfüllt, und das Leben wird somit zu einem schweren, jedoch freudigen Aufstieg auf die Gipfel. Das körperliche Training ist in diesem Fall nicht nur ein Mittel zur Muskelstärkung und Befreiung von Übergewicht, sondern auch ein Weg zur optimalen Form, die den edlen Aufgaben in dieser Welt entsprechen wird. Die psychische Selbstregulierung, die zur alltäglichen Praxis wird, hilft, die eigenen Emotionen vollkommen zu kontrollieren und durch die Suggestionskraft auf die Umgebung einzuwirken sowie bei allen Unternehmungen Erfolge zu erzielen.

Persönliche Hygiene

Sein eigenes Äußeres in Ordnung bringen, Tugend entwikkeln, so menschlich sein wie der Himmel, so gerecht wie die Erde...

Guanzi

Widmen Sie sich nun dem ersten Komplex, der Techniken enthält, wovon vielleicht die eine oder andere etwas merkwürdig anmuten mag. Sie werden in den Ländern des Ostens jedoch sehr ernst genommen und von vielen Menschen täglich mit Erfolg angewendet. Zusammen mit den im nächsten Komplex genannten Ernährungsregeln bilden sie eine günstige Voraussetzung für die nachfolgenden konkreten Kampftechniken.
Im Kempo-System wird der Körper des Menschen als ein Gefäß von Geist und Vernunft, als Leiter der kosmischen Bioenergie betrachtet. Dementsprechend wird der Pflege aller Körperteile und der Bildung eines lebensfähigen Organismus eine besondere Bedeutung beigemessen. Die alte Wahrheit „im gesunden Körper gesunder Geist" hat in den Ländern des Ostens eine größere Bedeutung, weil man an den Körper höhere Forderungen stellt als in den Ländern des Westens. Strenge Vorschriften reglementieren die ganze Lebensführung eines Meisters, aber auch diejenigen, die keinen Anspruch auf Professionalismus erheben, können viel Nützliches aus dem Born der Weisheit des Ostens schöpfen.

Gesichtspflege

In jener harmonischen Einheit von Geist und Körper, wie sich die Weisen des Ostens einen Menschen vorstellen, ist das Gesicht von größter Bedeutung. Nach dem Gesicht kann ein guter Psychologe nicht nur über die Anziehungskraft seines Gegenübers oder über sein Alter, sondern auch über seinen Charakter, seinen psychischen und körperlichen Zustand urteilen.
Daraus ergibt sich die Notwendigkeit, auf das Gesicht ständig zu achten, es zu pflegen und es in einem gutem Tonus zu erhalten, indem man sich darum bemührt, daß ständiger Streß und Unpäßlichkeiten keine bleibenden Spuren auf ihm hinterlassen.
Damit Ihr Gesicht immer als die beste Visitenkarte für Sie dient, sollten Sie öfter in den Spiegel blicken und eine mimische Gymnastik in Verbindung mit Selbstmassage durchführen.
Die Übungen der mimischen Gymnastik sind einfach, man verspürt dabei auch ein angenehmes Gefühl.
Sie ermöglichen es Ihnen außerdem, Ihr Gesicht besser kennenzulernen und die Fähigkeit zu erlernen, in allen Fällen des Lebens eine entsprechende Miene aufzusetzen.

1

1. Tief einatmen durch die Nase, langsam durch den Mund ausatmen, indem die Lippen entspannt werden. Zweimal wiederholen.
2. Tief durch die Nase einatmen, den Atem 2-3 s anhalten. Die Wangen aufblasen, und die Luft durch die stark zusammengepreßten Lippen mit Druck ausatmen. Viermal wiederholen.
3. Durch die Nase einatmen, und dabei die Zunge kräftig an die Basis der Unterkieferzähne für einige Sekunden drücken. Durch den Mund ausatmen, indem die Gesichtsmuskeln entspannt werden. Dreimal wiederholen.
4. Durch die Nase einatmen. Beim Ausatmen versuchen Sie, die Lippen zum „Spitzmündchen" zusammenzuziehen, dabei halten Sie die Mundwinkel mit beiden Händen. Viermal wiederholen.
5. Die Stirn runzeln, so daß eine Falte an der Nasenwurzel entsteht, dann die Gesichtsmuskeln entspannen und mit der Hand leicht reiben. Dreimal wiederholen.
6. Die Zeigefinger auf die Augenbrauenbogen legen und anhalten, gleichzeitig versuchen, die Finger durch die Anstrengung des Stirnmuskels nach oben zu schieben. Viermal wiederholen.
7. Die Augen schließen und mit drei Fingern jeder Hand die Augenhöhle so „auseinanderspreizen", daß der Zeigefinger den äußeren Augenwinkel, der Ringfinger den inneren Augenwinkel und der Mittelfinger die Mitte der Augenbraue fixiert. Bemühen Sie sich, die geschlossenen Augen zuzukneifen, indem Sie den Widerstand der Finger überwinden. Viermal wiederholen.
8. Die Augen schließen und die Augenlider stark zusammenpressen. Ohne die Augen zu öffnen, das Pressen der Augenlider nachlassen und gleichzeitig mit den Fingern die Haut von den Augen zu den Schläfen schieben. Viermal wiederholen.
9. Ein mit Dampf aufgeweichtes oder mit heißem Wasser angefeuchtetes Tuch auf das Gesicht legen und mit der Hand „plätten", indem Sie die Falten glätten.
10. Um die Tiefe der Runzeln und der Hautfalten zu verringern, arbeiten Sie längs jeder Falte, indem Sie diese mit dem Daumen und dem Zeigefinger kneifen und glätten. Die Runzeln können auch durch den Einfluß von intensiven Körperübungen, die den Muskeltonus des Gesichts verändern, weniger in Erscheinung treten.

Nach der mimischen Gymnastik und den Begleitübungen waschen Sie das Gesicht mit kaltem Wasser und salben die Haut mit einer Nährcreme.

Pflege der Mundhöhle

Der Weg zur Gesundheit und der körperlichen Vollkommenheit beginnt mit den einfachsten hygienischen Prozeduren. Darunter nimmt die Pflege der Mundhöhle und des Nasenrachens einen wichtigen Platz ein. In verschiedenen Ländern putzte man die Zähne traditionell auf verschiedene Weise, und einige Länder hatten überhaupt keinen solchen Brauch.

2

Es wurde nachgewiesen, daß für die Entfernung des Zahnsteins, das Bleichen des Zahnschmelzes, die Heilung von Parodontose, die Festigung der Zahnwurzeln und des Zahnfleisches die Vorschriften des Hatha-Yoga die besten sind.

Man nimmt dafür eine Prise zerkleinertes Seesalz oder feingemahlenes Kochsalz, einige Tropfen Olivenöl (oder ein anderes Pflanzenöl) dazugeben und gut verrühren. Mit der entstandenen Paste putzen Sie die Zähne mit dem Zeigefinger vertikal und horizontal von außen und von innen wenigstens 2-3 min. Danach den Mund mit Wasser spülen und das Zahnfleisch massieren, indem Sie es mit dem Daumen und dem Zeigefinger fassen (am Oberkiefer von oben nach unten, am Unterkiefer von unten nach oben). Es ist empfehlenswert, nach jeder Mahlzeit den Mund mit Wasser zu spülen.

Von Zeit zu Zeit kann man auch die Zunge putzen, um den Zungenbelag zu entfernen. Dafür muß man die Zunge möglichst weit hinausstrekken und mit einem Löffel den Belag und den Schleim vom hinteren Teil abkratzen.

3

Für alle und insbesondere für Menschen, die zu Erkältungen, Mandelentzündung, Dauerschnupfen und Angina neigen, wäre es nützlich, morgens und abends nach dem Waschen die Kehle mit warmen gesalzenem Wasser zu spülen. Dieses Verfahren festigt die Mandeln – einen der wichtigsten Bestandteile des Immunsystems – und wirkt günstig auf die Stimmbänder ein.

4

Die Vorbeugung und die Heilung jeder Art Schnupfen, auch des chronischen, wird ebenso erreicht mit Hilfe von nur 400 g Salzwasser. Warmes Wasser in eine Teekanne gießen und darin einen Teelöffel Salz verrühren. Danach auf den Stuhl setzen und ein kleines Becken auf den Schoß stellen. Den Kopf so neigen, daß das linke Ohr unten bleibt. Die Tülle der Kanne in das rechte Nasenloch hineinstecken und ruhig mit dem Mund atmen. Bald beginnt das Wasser durch das linke Nasenloch auszufließen, ohne in den Mund zu geraten. Nachdem die Hälfte des Wassers aus der Kanne ausgegossen ist, nach vorn beugen und einige Male durch die Nase heftig ausatmen, dann den Kopf nach links und nach rechts drehen und dabei auch ausatmen. Man darf nicht die Nase putzen, indem man die Nasenlöcher schließt, weil in diesem Fall das Wasser ins Mittelohr gelangen kann.
Solche Verfahren heilen nicht nur Schnupfen, sondern dienen auch als erprobte Mittel gegen Stirnhöhlenentzündungen, verbessern den Zustand des Augenhintergrundes und der Hörorgane, helfen beim Glaukom (Star) im Anfangsstadium, beseitigen die Polypen und Schwellungen und normalisieren im ganzen die Nasenatmung und üben dadurch heilsame Wirkung auf den ganzen Organismus aus.

Körperpflege und Wasserbehandlungen

Es empfiehlt sich vor allem, bequeme Kleidung und Schuhe zu tragen, um die Bildung von Schwielen, Scheuerwunden und Abschnürungen zu vermeiden. Es ist im großen und ganzen nicht wünschenswert, eine Kosmetik auf chemischer Grundlage zu verwenden, man kann aber Cremes auf Pflanzenbasis für die Verbesserung der Haut und Biostimulatoren für die Haare benutzen.
In der persönlichen Hygiene wird die wichtigste Bedeutung der Wasserbehandlung beigemessen, die nicht nur den Körper reinigt, sondern auch ein wichtiges Abhärtungsmittel ist, das den Organismus im ganzen kräftigt. Dazu gehören Waschen, Abreibungen, Duschen, Bäder und Baden im Schwimmbecken (im See, im Meer).

5

Das Waschen unterscheidet sich nicht vom gewöhnlichen, es wird jedoch empfohlen, die Augen dabei tüchtig auszuwaschen und die Kehle zu spülen.
Im Laufe des Arbeitstages sowie vor dem Mittag- oder Abendessen, insbesondere beim heißen Wetter, ist es sehr nüzlich, Arme, Gesicht und Hals mit warmem und heißem Frottiertuch oder einer Serviette einige Male abzureiben. Diese Praxis (Sibori) hat historische Wurzeln und ist in Japan seit Jahrhunderten verbreitet.
Die Morgendusche nach den gymnastischen Übungen muß möglichst kalt sein, jedoch sollte man die Temperatur des Wassers allmählich senken. Günstig sind auch Wechselduschen, indem man heißes und absolut kaltes Wasser wechselt. Dabei ist es *nicht notwendig*, sich nach der kalten Dusche trocken abzureiben. Es ist besser, die Wassertropfen nur abzuschütteln, sich mit den Händen abzureiben und einen Bademantel umzuwerfen.
Vor dem Schlafengehen kann die Dusche ziemlich heiß sein und kann auch in Verbindung mit einem heißem Bad genommen werden. Dadurch werden Abgespanntheit beseitigt und das Nervensystem beruhigt. Für eine bessere Entspannung kann man ein Fichtennadelbad nehmen.
Es ist nützlich, einmal in der Woche eine Sauna zu besuchen, um den Tonus zu erhöhen, den Blutkreislauf zu verbessern und die Schlacken zu entfernen.
Baden im Schwimmbad oder in einem natürlichen Gewässer wird im Osten wie auch im Westen in gleichem Maße für nützlich gehalten. Es ist wünschenswert, jedesmal eine bestimmte Strecke zu schwimmen, die allmählich vergrößert wird. Es empfiehlt sich außerdem, im Schwimmbad einige Übungen aus dem großen gymnastischen Komplex für das Strecken der Beine zu machen, Schläge und Blöcke aus dem Kempo-System durchzuführen .
Vor dem Baden empfiehlt sich ein Komplex der Atemübungen am Ufer bzw. Beckenrand.
Das Baden im kalten Wasser (15°-16°) schadet auch nicht; wenn Sie aber noch mehr riskieren und das Winterschwimmen mit extrem niedrigen Temperaturen betreiben möchten, wenden Sie sich unbedingt an einen Fachmann.
Tauchen und Unterwasserschwimmen können eine gute Ergänzung zum allgemeinen Programm sein, wie auch jede andere Wassersportart.

Ernährung

In diesem Körper verbirgt sich die wunderbare Fähigkeit, alles durchdringen zu können, er birgt die geheimnisvollen Möglichkeiten, die zum Vorschein gebracht werden müssen.

Sutra des Großen Buddha Vajrochana

Grundregeln

Ebenso wie der vorherige Komplex der Körperpflege ist die Einhaltung der grundlegenden Ernährungsregeln als Basis für den Erfolg aller anderen Techniken zu verstehen.
Alle Yoga- und Kempo-Systeme mit all ihren unzähligen Unterabteilungen in verschiedenen Ländern und Regionen und mit verschiedenen Konfessionen schenken der Ernährung und Verdauung große Aufmerksamkeit. Wenn man sich aber an alle Regeln, Vorschriften und Einschränkungen halten will, die von alten Lehrmeistern formuliert wurden, so wäre es besser, sofort Harakiri zu machen, um unerträgliche Qualen zu vermeiden.
Die Anhänger des Dao-Systems der Selbstvervollkommnung *Daoyin* waren zum Beispiel der Meinung, daß als optimale Ernährung für den menschlichen Organismus sein eigener Speichel und die durch das Atmen erzeugende Bioenergie Zi dienen. Ein Traktat des 3. Jh. v. Chr. „Über Verzicht auf den Verbrauch von Getreide und über den Anbau von Zi" enthielt eine Methodik des allmählichen und vollständigen Verzichts auf die Nahrungsaufnahme: dieser Methode folgend, konnte man innerhalb von etwa 30 Jahren angeblich eine Fähigkeit erlernen, sich nur mit der Luft zu begnügen.
Die meisten östlichen Lehren und Kempo-Schulen verhalten sich negativ zu Fleisch, jedoch verbieten sie den Genuß nicht immer vollständig. Dies ist nicht nur auf moralische Prinzipien des Hinduismus und Buddhismus, sondern auch vor allem auf physiologische Vorgänge zurückzuführen. Es wird angenommen, daß die Fleischnahrung den Stoffwechsel im Organismus verschlechtert, indem sie Fäulnisprozesse im Verdauungssystem hervorruft und die Menge der Schlacke stark vergrößert. Außerdem sammeln sich im Organismus bei regelmäßiger Fleischaufnahmen Überschüsse an Harnstoff an, ein Endprodukt des Eiweißstoffwechsels, was auch zu einer Vergiftung des Organismus führen kann.
Man glaubt auch, daß der Fleischverbrauch den Organismus „schwerer" macht, indem er die richtige Zirkulation der Bioenergie behindert, ungünstig das Verhalten und den Charakter beeinflußt und dabei überflüssige Reizbarkeit, vorzeitige Schwäche der Geschlechtsfunktionen und viele andere Unannehmlichkeiten hervorruft.
Der „Westen ist aber der Westen, der Osten ist der Osten". Für einen Europäer oder Amerikaner ist es wahrscheinlich genauso schwierig, auf Rindfleisch, Hammelfleisch, Schweinefleisch,

Geflügel und Wild für immer zu verzichten wie für einen Japaner auf Rohfisch, Tofu und Reis. Solch ein Verzicht hat um so mehr keinen Sinn für einen Geschäftsmann, der häufig an Geschäftsessen teilnimmt. Deshalb muß man sich also an eine Kompromißdiät halten: mageres Fleisch möglichst selten und in kleinen Portionen.

Die Kempo-Lehrmeister empfehlen insbesondere Phlegmatikern, Rindfleisch und Hammelfleisch und Cholerikern, Kaninchen und Ente zu essen.

Im Alltag wäre es wünschenswert, auf tierische Fette zu verzichten und diese durch Pflanzenöl zu ersetzen (Sonnenblumen-, Mais-, Oliven-, Baumwollsamenöl). Bekanntlich fördern tierische Fette die Entstehung der Arteriosklerose, beeinflussen negativ Leber und Gallenblase, indem sie verschiedene Krankheiten hervorrufen. Dies bedeutet aber nicht, daß Sie ein Brötchen mit Butter nicht essen dürfen, wenn Sie Lust dazu haben. Es ist nur wünschenswert, Butter nicht tagtäglich zu essen und in den Kaffee weniger Sahne einzuschenken. Der Übergang zu Pflanzenölen soll allmählich und beschwerdefrei sein, wie auch alle anderen freiwilligen Selbstbeschränkungen.

Die Lehrmeister des Kempo raten in vollem Einvernehmen mit der westlichen Medizin, Zucker und zuckerhaltige Lebensmittel aus dem Ernährungsprogramm auszuschließen. Der Zucker fördert Stoffwechselstörungen und schädigt die Zähne. Im Prinzip sollte man Zucker durch Fruktose, Honig sowie Obst- und Beerenkost ersetzen, indem man nach Möglichkeit Pralinen, Marmeladen, Eis, Kompotte und versüßte Erfrischungsgetränke meidet. Sie sollten aber schon wissen, daß eine Praline Ihnen nicht schadet, ein Glas Limonade Sie nicht vergiftet. Der Verzicht auf Süßspeisen muß ja nicht zu einem absoluten System werden. Selbstverständlich darf man auch gesalzene Speisen nicht mißbrauchen.

Im Osten haben alle Konditorwaren aus Hefeteig einschließlich Brot einen schlechten Ruf, da sie Fettsucht fördern und dazu noch die Darmflora unterdrücken. Kuchen und Torten, insbesondere mit Fettcreme, werden zu den „Feinden der Menschheit" gezählt. Für diejenigen, die nicht imstande sind, auf Brot völlig zu verzichten und sich auf Reis umzustellen, wird Roggenbrot oder Kleiebrot, schlimmstenfalls Vollkornbrot empfohlen. Mehr oder weniger annehmbar sind Crakkers und fettfreie Kekse.

Milch, die leicht verdauliches Eiweiß enthält, gilt als nützliche Speise für Kinder, jedoch nicht für Erwachsene! In Japan und China wurde vor der Bekanntschaft mit der westlichen Zivilisation überhaupt keine Kuhmilch getrunken. Sauermilchprodukte wie saure Sahne oder Joghurt jeder Konsistenz und in jeder Menge sind aber nützlich für alle unabhängig von Geschlecht und Alter.

Im indischen Yoga wird Tee zu den „fünf Giften" gezählt, jedoch in China und Japan wird Tee bekanntlich sogar in den Klostergemeinden als heiliges, heilsames Getränk verehrt. Man kann Tee jeder Sorte (ohne Zucker) ohne jede Beschränkung trinken. Was den Kaffee betrifft (noch eines der „fünf Gifte"), so muß man überflüssigen Genuß meiden und die Portionen dosieren, indem man seinem eigenen Herzen „Gehör" schenkt.

Drei andere „Gifte" sind Narkotika, Tabak und Alkohol. Die alten Lehrmeister verbieten kategorisch den Verbrauch von Narkotika, mißbilligen streng das Rauchen, jedoch verhalten sie sich nachsichtig zu gelegentlichem Alkoholgenuß in mäßigen Dosen, wenn es nicht zu einer Regelmäßigkeit und zur Bildung einer schädlichen Gewohnheit führt. Man hält es für schadenbringend, wenn man Wein oder Bier beim Essen regelmäßig genießt oder man vor dem Schlafengehen für einen „tiefen Schlaf" trinkt.

Die Vielfalt und Auserlesenheit der chinesischen

Küche sind allgemein bekannt, aber jede Raffinesse in der Kochkunst steht im Widerspruch zu den Diätprinzipien aller Kempo-Systeme. Die Einfachheit der Zubereitung und der Erhalt der Natürlichkeit entsprechen dem gesunden Verpflegungsprinzip. Kein Zufall, daß ausgerechnet Japan mit seinem Rohkost-Kult den ersten Platz in der Welt bei der Lebenserwartung beibehält. Im ganzen empfiehlt es sich, möglichst mehr Gemüse, Obst, Säfte, Kräuter, Nüsse, Honig zu essen, d. h. Lebensmittel, die von alters her als natürliche Nahrung für den Menschen dienten und heute in jedem europäischen Land und zu jeder Zeit erhältlich sind.

Die pflanzliche Rohkost entwickelt Geschmack und Geruch, regelt ausgezeichnet den Stoffwechsel und sättigt gut, obwohl sie auch nicht alles liefern kann, was für den Organismus erforderlich ist. Es ist wünschenswert, daß Gemüse, Obst und Salate etwa 60% vom Verpflegungssatz betragen.

Als gute Ergänzung zu frischem Gemüse und Obst dienen verarbeitete Pflanzenprodukte in mäßigen Dosen – gekochter und gebackener Buchweizen, Weizen, Reis, Hafer, Roggen, Gerste, Mais, Kartoffeln sowie die besonders proteinreichen Bohnen.

Zum Frühstück empfiehlt es sich, täglich eine Portion Brei aus aufgekeimten Weizensamen zu essen, die viele heilsame Eigenschaften besitzen. Im Osten glaubt man, solch ein Brei könne innerhalb von einigen Wochen die Bewegungskoordination verbessern, die Sehschärfe verstärken, den Haarglanz wiederherstellen, die Zähne und das Zahnfleisch festigen, die Atemwege reinigen, den Verdauungstrakt sanieren und die Geschlechtspotenz erhöhen. Wenn nur ein Teil dieser Wünsche für Sie in Erfüllung geht, dann haben sich die etwas größeren Bemühungen in der Speisenzubereitung für Sie gelohnt.

6

Für eine Portion Brei nimmt man etwa 100 g Weizenkorn, das in kaltem Wasser durchgespült wurde. Wasser abgießen und soviel im Kochtopf lassen, daß die Körner bedeckt sind. Den Kochtopf an warmer Stelle für einen Tag und eine Nacht stehen lassen, bis weiße oder grüne Keime erscheinen. Dann die Körner im Fleischwolf zerkleinern und in kochendes Wasser oder Milch legen (ohne weiter kochen zu lassen). Je einen Teelöffel Butter und Honig in den Kochtopf geben. Den Brei abkühlen lassen (unter einem Deckel) bis zur annehmbaren Temperatur und erst danach essen.

Im Unterschied zu Fleisch gelten die an Phosphor reichen Fisch- und Meereserzeugnisse als nützliche Nahrungsmittel. Es ist kein Zufall, daß die Japaner frischem Fisch in natürlichem, rohem Zustand den Vorzug geben. Thunfisch, Lachs, Karpfen eignen sich besonders gut für die Zubereitung von Sasimi – fein gechnittenes Rohfischfilet mit Sojasoße. Wenn rohe Meereserzeugnisse keine Antipathie bei Ihnen hervorrufen, so sollten Sie sich auch an rohe Mollusken, Krevetten, Kalmare und Langusten heranwagen. Dieses ganze Sortiment kann man in jedem japanischen Restaurant bestellen.

Obwohl es gar nicht erforderlich ist, das Prinzip der Trennkost überall einzuhalten, sollte man bei einer Mahlzeit nicht zusammen verwenden: Fleisch- und Fischgerichte, Fleisch und Milch, Fisch und Milch, Stärkemehl und Zucker, Stärkemehl und Eiweiß, Eiweiß und Fette.

Es ist besser, Eiweiß nur am Tage zu essen. Als leichter Imbiß, um nur eine Kleinigkeit zu sich zu nehmen, oder wenn Sie einfach keine Zeit für das Mittagessen haben, können Sie gedörrte Pflaumen, trockene Aprikosen, Rosinen. gedörrte Bananen oder weiße Melone essen.

Ein wichtiges Prinzip lautet: ohne Eile essen, möglichst gut kauen, indem man daran Vergnügen findet und mit der Überzeugung von der Nützlichkeit jedes Gerichts.
Yogis empfehlen zum Beispiel überhaupt, jeden Bissen wenigstens hundertmal zu kauen, weil es zur optimalen, fast hundertprozentigen Aufnahme der Nahrung beiträgt. Das ist natürlich nicht ganz einfach, deshalb reicht anfänglich ein einfaches Gebot aus: Gut durchkauen und dementsprechend weniger nachtrinken, d. h. zuerst kauen und herunterschlucken und erst danach Wein, Bier oder Wasser trinken. Die mit natürlichem Ferment, dem Speichel, vermischte Nahrung bringt dem Organismus viel mehr Nutzen.
Ohne sich im Sortiment zu beschränken, wäre es wünschenswert, auf Unmäßigkeiten zu verzichten, die Energiemengen zu verringern und seinen Verpflegungssatz allmählich überhaupt auf ein nötiges Minimum zu reduzieren: sehr leichtes Frühstück, mehr oder weniger kräftiges Mittagessen und ein symbolisches Abendessen aus Obst oder Sauermilcherzeugnissen. Wenn man solches Ernährungsregime einhält, kann man sich gelegentlich ein üppiges Essen gönnen – unter der Bedingung, daß man danach auf rechtzeitige Reinigung des Organismus achtet.
Um den Stoffwechsel zu verbessern, wird empfohlen, im Laufe des Tages mehrere Gläser Wasser zu trinken. Dafür eignet sich gewöhnliches Leitungswasser (nicht gekochtes), wie auch Mineralwasser, am besten wäre jedoch Schmelzwasser, im Gefrierfach hergestellt und dann schmelzen lassen.
Es schadet der Gesundheit, wenn man „pflichtgemäß“ ißt und dabei keinen richtigen Hunger empfindet. In diesem Fall ist es besser, sich nicht satt zu essen. Überhaupt muß man sich auch vorsichtig zu dem Prinzip „der Appetit kommt beim Essen“ verhalten und dabei den realen Appetit vom Eifer eines Feinschmeckers auf der Jagd nach neuen Geschmacksempfindungen unterscheiden können.
Selbstverständlich darf man nicht kräftig essen vor wichtigen Besprechungen oder Sitzungen, weil der Verdauungsprozeß die Auffassungsfähigkeit zeitweilig einschränkt, die Beweglichkeit und die Schnelligkeit der Reaktion vermindert.
Bei Körperübungen jeder Art müssen Sie wenigstens zwei Stunden vor dem Training essen. Auch nach dem Training darf man sich nicht auf das Essen stürzen, um all seine Verluste auszugleichen, insbesondere wenn das Training am Abend stattfindet. Am besten wäre es, sich mit einem Glas Wasser oder Saft zu begnügen.

Entlastung

Die Diätologen der Welt empfehlen unzählige Systeme der Hungerbehandlung als vorbeugendes und therapeutisches Mittel gegen viele Krankheiten: Magen- und Zwölffingerdarmgeschwür, Gastritis, verschiedene Allergien, Neurosen usw. Die Theoretiker und Praktiker des Kempo haben natürlich ihren Beitrag zur Hungerbehandlung geleistet, die als eine der Grundlagen der aktiven Langlebigkeit gilt. Ihre Ansichten haben Prüfungen im Laufe der Zeit in daoistischen und buddhistischen Gemeinden, in den Ushu-, Jujutsu- und Karate-Schulen bestanden und ihre Effektivität bewiesen. Wir werden hier weder von einer langen Hungerbehandlung (10 bis 40 Tage), die gewöhnlich unter ärztlicher Kontrolle durchgeführt wird, noch von einer mittleren Dauer (2 bis 10 Tage) reden. Wir empfehlen nur die einfachste kurzfristige Hungerbehandlung, die 36 oder 24 Stunden dauert, keine übermäßige Anstrengungen und keine spezielle Vorbereitung erfordert. Auch bei einer solchen Behandlung ist die psychologische Einstellung sehr wichtig, die durch Selbstsuggestion erzielt wird. Es ist notwendig, sich selber vor allem davon zu überzeugen, daß im Laufe von nur 36 Stunden der Organismus von überflüssigen Fettablagerungen befreit, das Blut gereinigt und die Gewebezellen verjüngt werden.

7

Die 36stündige Behandlung ist sehr einfach. Am Abend, wie gewöhnlich, ein leichtes Abendessen. Am nächste Tag nichts essen, jedoch unbedingt Wasser trinken; zehn bis zwölf Gläser über den Tag verteilt. Auf leeren Magen schlafen gehen, aber am nächsten Morgen darf man schon ein Glas Fruchtsaft oder Joghurt trinken, um dann zur normalen Ernährung allmählich überzugehen. Die 24stündige Behandlung endet entsprechend nicht mit dem Frühstück, sondern mit dem Abendessen des einzigen „Kurtages".

Nachmittags, wenn Hunger schon spürbar wird, ist es besser, den Speichel nicht zu verschlucken, sondern auszuspucken, weil darin zu viele giftige Stoffwechselprodukte enthalten sind. Es ist wünschenswert, nicht nervös und mißgestimmt zu werden. „Verschaffen" Sie sich gute Laune. Im übrigen ändern Sie nicht Ihr Verhalten. Man darf Atemübungen, Körperübungen machen, Massage und Wasserbehandlung durchführen (bis auf Sauna), dabei muß man nur Überbelastungen meiden. Die Hungerbehandlung begünstigt überhaupt geistige Arbeit, weil die Vernunft „klar" und die Gedanken mit einer ungewöhnlichen Frische erfüllt werden. Im Körper tritt auch ein ungewöhnliches Gefühl der Leichtigkeit auf.

Am Vorabend des Tages der Hungerbehandlung darf man keinesfalls „auf Vorrat" essen. Wichtig ist auch die rechtzeitige und möglichst vollständige Stuhlentleerung, sonst kann eine Selbstvergiftung des Organismus durch Toxine beginnen, was sich in Kopfschmerzen und allgemeinem Kräfteverfall äußert.

Es ist wünschenswert, die kurzfristige Hungerbehandlung wenigstens einmal im Monat durchzuführen und allmählich zur zweimaligen Behandlung im Monat überzugehen. Außerdem muß man zur Hungerbehandlung als Heilmittel bei leichten alltäglichen Erkrankungen greifen (Magenverstimmung, Erkältung usw.).

Wollen Sie auf Fleisch, tierische Fette, übermäßiges Eiweiß und Kohlenhydrate nicht völlig verzichten, dann tun Sie es auch nicht, jedoch machen Sie einmal oder zweimal in der Woche Entlastungstage, hauptsächlich mit vegetarischen Speisen und ohne Teigwaren.

8

Die richtige Ernährung in Verbindung mit Atemübungen und Gymnastik bringt die Tätigkeit des Magen-Darm-Traktes in Ordnung, was als Unterpfand der Gesundheit des Organismus dient. Wenn Sie doch Schwierigkeiten haben, dann greifen Sie zu Reinigungsklistieren im Laufe der Woche nach folgendem Plan: 1. Tag – 0,5 l warmes Wasser; 2. Tag – 1 l; 3. Tag – Pause; 4. Tag – 1,5 l; 5. Tag und 6. Tag – Pause, 7. Tag – 2 l. Bei der Durchführung der Prozedur muß man den Bauch im Uhrzeigersinn massieren.

Man kann das Ganze nach einigen Monaten wiederholen, aber nicht zu oft, damit es nicht zur Gewohnheit wird. Infolge dieser einfachen Prozedur verbessert sich das Allgemeinbefinden, reinigt sich die Haut, verschwindet der Zungenbelag, erfrischt sich die Atmung, bildet sich gesunde Gesichtsfarbe. Solche kleinen „Reinigungen" sind auch für völlig gesunde Menschen nützlich.

Atmung

Die Akkumulation innerer Kräfte ist eine unerschöpfte Quelle des Lebens. Die innere Welt des Menschen steht dabei in harmonischer Verbindung mit der äußeren Welt. Solange die Quelle des Geistes nicht erschöpft ist, bleiben die Muskeln kräftig.

Guanzi

Die Atmung bildet die Grundlage der Lebenstätigkeit des Organismus. Auf diese allbekannte Wahrheit stützen sich unzählige Komplexe von Atemübungen, die zu allen Systemen des östlichen psychophysischen Trainings gehören. Das Geheimnis der wundertätigen Möglichkeiten der Atmung besteht darin, daß der Mensch die kosmische Bioenergie hauptsächlich aus der Luft einsaugt. Wenn wir die richtige Atmung erlernt haben, können wir die energetische Ernährung des Organismus bewußt regeln, indem wir den Blutkreislauf verbessern, innere Organe stärken, Krankheiten heilen, den Tonus erhöhen und Streß abbauen. Letzten Endes können wir eine Höchstaktivierung unserer körperlichen, geistigen und intellektuellen Fähigkeiten erzielen.
Es bestehen ebenso viele Atmungsmethodiken wie Strömungen und Schulen des Kempo. Darunter gibt es Methodiken, die ohne zusätzliche Bewegungen an einer Stelle ausgeführt werden. Andere werden zusammen mit einem bestimmten gymnastischen Komplex oder einfach in Bewegung durchgeführt. Sie finden energetische „Atemvorübungen" nach einer japanischen Methode im Abschnitt unseres Buches, der der Sportgymnastik des Kempo gewidmet ist. Für jemanden, der im Rhythmus einer modernen Stadt lebt, ständig in Zeitnot ist und allerlei Streß ausgesetzt ist, wäre es nützlich, ein paar Atemübungen zu erlernen, die zu jeder Zeit und an jedem Ort durchgeführt werden können. Wenn Sie diese einfachen Übungen aus dem Hatha-Yoga erlernt haben, können Sie diese ohne große Anstrengungen in eine angenehme innere Gymnastik verwandeln, die deutliche Ergebnisse bringt.
Der normale Mensch atmet nicht richtig: tief, oft, ohne die Luft anzuhalten. Dies ruft eine dauernde übermäßige Lüftung der Lungen, den Ausstoß der überflüssigen Kohlensäure aus dem Organismus und infolgedessen verschiedene Krankheiten hervor: von Schnupfen und Angina bis Bronchialasthma, Arteriosklerose, Bluthochdruck und Herzbeschwerden. Je tiefer und öfter man atmet, um so weniger Sauerstoff wird dem Organismus zugeführt, um so schlechter ist der „Energieumsatz". Das Ziel der Atemübungen besteht darin, Ihre Atmungsfrequenz zu senken. Eine solche Normalisierung der Atmung wirkt sich günstig nicht nur auf die Atmungsorgane selbst aus, sondern auch auf das Nervensystem, das Herz-Kreislauf-System und vor allem auf das System der bioenergetischen Zirkulation nach 12 Meridianen Ihres Körpers.

Allgemeine Hinweise

1. Möglichst oft reine Luft atmen; Klimagerät wenig benutzen, den Raum lüften, jedoch keine Zugluft zulassen.
2. Auf den Zustand der Atemwege achten.
3. Enge, drückende Kleidung meiden.
4. Vor den Atemübungen gut recken und schütteln.
5. Keine Dehnübungen machen, wenn in den Lungen keine Luft nach dem Ausatmen geblieben ist.
6. Auf Gleichmäßigkeit und Reihenfolge der Ausatmung besonders achten, indem man zuerst untere, denn mittlere und schließlich obere Lungenlappen befreit.
7. Schnelle und unterbrochene Atmung meiden.
8. Bei der Atmung den Bauch sowie Gesichtsmuskeln nicht anspannen.
9. Auf stufenweise und vorsichtige Vergrößerung der Atembelastungen achten, indem man dem eigenen Körper Gehör schenkt.
10. Einen ungefähren Übungsplan zusammenstellen und nie mit vollem Magen üben.
11. Die Atemübungen höchstens drei- bis viermal am Tag und nicht mehr als 10 Zyklen auf einmal durchführen.

Bevor Sie mit dem Hauptkomplex der Übungen, der sogenannten „Vollatmung“ beginnen, wäre eine „Vorbereitungsatmung“ über drei Monate regelmäßig viermal am Tag mit je fünf Zyklen günstig. Alle Übungen können sitzend, stehend oder liegend ausgeführt werden. Achten Sie nur darauf, daß der Rücken gerade ist und die Schultern nicht zusammenfallen.

Vorbereitungsatmung

9

Ruhig und langsam ein- und genauso langsam durch die Nase ausatmen. Mit dem Daumen der rechten Hand den rechten Nasenflügel schließen und durch den linken Nasenflügel langsam einatmen. Ohne Pause den rechten Nasenflügel öffnen, mit dem Mittelfinger den linken Nasenflügel schließen und durch den rechten Nasenflügel langsam einatmen. Die Nasenflügel wieder wechseln und langsam ausatmen. Den Zyklus immer mit der Einatmung durch den linken Nasenflügel beginnen.
Nach drei Monaten ist die „Reinigungsatmung“ nicht mehr nötig, und man kann zu effektiveren Übungen übergehen.

Vollatmung

Die Vollatmung der Yogis gilt als Heilmittel gegen alle Krankheiten und als Schlüssel zu aktiver Langlebigkeit. Wie alle genialen Erfindungen ist sie verhältnismäßig einfach auszuführen, indem sie lediglich eine langsame, tiefe Einatmung und genauso langsame und ruhige Ausatmung mit Anhalten des Atems in oberer und unterer Phase darstellt. Die vereinfachte Technik der Ausführung sieht wie folgt aus:

10

1. Stehend, sitzend oder liegend entspannen und langsam durch die Nase einatmen, so daß die Luft zuerst den unteren, dann den mittleren und schließlich den oberen Teil der Lungen füllt.
2. Nach Einatmen den Atem für einige Sekunden anhalten, solange, wie es angenehm ist.
3. Langsam und voll in umgekehrter Reihenfolge so ausatmen, daß die Luft zuerst aus den unteren Lungenlappen (dabei den Bauch ein wenig einziehen), dann aus den mittleren und schließlich aus den oberen Lungenlappen herausströmt. Beim Ausatmen Muskelanstrengungen vermeiden.
4. Nach dem Ausatmen einige Zeit Pause machen, bevor man wieder einatmet.

Am Anfang je fünf Zyklen durchführen und alle zehn Tage um einem Zyklus erweitern, bis man zehn erreicht hat. Die Dauer des Atemanhaltens wird allmählich vergrößert. Anfänglich muß man die „Vollatmung" nicht mehr als einmal am Tag ausführen. Mit der Zeit kann man die Vollatmung drei- bis viermal täglich durchführen, jedoch wäre es nützlich, statt einer „Vollatmung" die sogenannte „rhythmische Atmung" einzubeziehen.

Rhythmische Atmung

11

Bekanntlich wird das Befinden des Menschen als Bestandteil des Makrokosmos, des Weltalls, durch Biorhythmen bestimmt. Individuelle Biorhythmen sind mit Puls und Atem verbunden. Ohne auf theoretische Einzelheiten einzugehen, betonen wir nur, daß man vor der Ausführung der „rhythmischen Atmung" seinen Puls messen und versuchen muß, den Rhythmus zu behalten. Da sich aber der Puls verändern kann, ist es wünschenswert, jedesmal vor der Ausführung solche Messung zu wiederholen oder die Hand für die Kontrolle einfach am Puls zu halten.
Die Technik der „rhythmischen Atmung" erinnert an die der „Vollatmung", aber alle vier Phasen (Einatmen – Atemanhalten – Ausatmen – Atemanhalten) sind einer bestimmten rhythmischen Gesetzmäßigkeit untergeordnet und werden beim Zählen durchgeführt.
Versuchen Sie zuerst als Lehrübung, durch die Nase sechs Pulsschläge lang einzuatmen, den Atem drei Schläge anzuhalten, dann über sechs Schläge auszuatmen und den Atem für 3 Schläge wieder anzuhalten. Beginnen Sie mit fünf Zyklen und steigern Sie allmählich auf zehn. Im weiteren müssen Sie es lernen, nach Ihrem individuellen Rhythmus zu atmen, der entsprechend dem Horoskop berechnet wird und dementsprechend zwölf Varianten hat.

Geburtsdatum	Rhythmus
21. März – 19. April	18–9–18–9
20. April – 20. Mai	6–3–6–3
21. Mai – 20. Juni	14–7–14–7
21. Juni – 20. Juli	20–10–20–10 oder 16–8–16–8
21. Juli – 20. August	10–5–10–5 oder 22–11–22–11
21. August – 20. September	14–7–14–7
21. September – 20. Oktober	6–3–6–3
21. Oktober – 20. November	18–9–18–9
21. November – 20. Dezember	12–6–12–6
21. Dezember – 20. Januar	8–4–8–4
21. Januar – 19. Februar	8–4–8–4
20. Februar – 20. März	12–6–12–6

Wo zwei Rhythmen angegeben sind, kann man einen wählen.

Jedes Training muß man wie immer mit fünf Zyklen beginnen und innerhalb des Monats *allmählich* auf zehn erhöhen. Übermäßiges Vorantreiben kann Schaden bringen. Im ganzen sind alle beschriebenen Atemübungen für Menschen beiderlei Geschlechts und Alters von Nutzen. Nur wer an schweren chronischen Erkrankungen leidet, muß vorher einen Fachmann konsultieren.

Bei der Ausführung der Atemübungen muß man sich auf den Gedanken konzentrieren, daß zusammen mit der Luft die belebende Bioenergie in den Organismus einströmt, die den Körper mit Munterkeit und Gesundheit füllt, das Gehirn erfrischt, die Stimmung hebt. Am Morgen, vor dem täglichen gymnastischen Komplex, und auch im Laufe eines spannungsvollen Arbeitstages kann ein kurzes Training der Heilatmung eine Rolle des natürlichen „Dopings" spielen, indem es Ihre Kräfte potenziert, Müdigkeit beseitigt und Streß neutralisiert. In Anbetracht dessen, daß Sie die Vollatmung und die rhythmische Atmung ausführen können, indem Sie die Behaglichkeit Ihres eigenen Arbeits- und Schlafzimmers genießen, wäre es wünschenswert, daß die beiden Komplexe zum Bestandteil Ihres Alltags etwa wie die tägliche Hygiene werden.

Nach jedem Gymnastik-Komplex wird die nachfolgend beschriebene Reinigungsatmung einmal durchgeführt: Die Lungen werden von der restlichen Abluft gereinigt, das Nervensystem tonisiert und normalisiert. Diese Atemübung kann man auch ganz selbständig durchführen, bei allgemeiner Ermüdung und Kräfteverfall.

Reinigungsatmung

12

1. Langsam, ruhig und tief einatmen.
2. Den Atem für einige Sekunden anhalten.
3. Die Lippen zum „Spitzmündchen" zusammenziehen wie fürs Pfeifen und langsam, heftig, mit sehr kurzen, ruckartigen Unterbrechungen die Luft durch den Mund in kleinen Portionen ausatmen, ohne die Wangen aufzublasen.
4. Nach der Übung wie gewöhnlich durch die Nase ein- und ausatmen.

Wenn Sie ermüdet sind und sich schlecht fühlen und trotzdem viele wichtige Angelegenheiten noch zu erledigen und dabei keine Aussichten auf Ruhe haben, greifen Sie zum letzten Mittel – der „stimulierenden Atmung". Sie wirkt anregend auf alle Nervenzentren ein und mobilisiert energetische Ressourcen des Organismus. Es ist besser, diese Übung stehend auszuführen, aber auch sitzend auf einem Stuhl mit geradem Rücken.

Stimulierende Atmung

13

1. Langsam tief einatmen.
2. Den Atem anhalten.
3. Die entspannten Arme vor der Brust ausstrekken, die Handflächen nach unten.
4. Den Atem anhaltend die Arme langsam auf der Schulterhöhe beugen und zur Brust heranziehen, indem die Finger zur Faust zusammengeballt werden. Die Muskeln sind dabei höchst gespannt.

5. Die Muskelspannung in den Armen aufrechterhaltend, die Fäuste fünfmal langsam öffnen und dann schnell wieder ballen.
6. Die Arme entspannen und senken.
7. Die Luft durch den Mund mit einem „Ha!“ heftig ausatmen.

Nach der stimulierenden Atmung empfiehlt es sich, auch die Reinigungsatmung auszuführen.

Atmen beim Spazierengehen

Ärzte und Sportlehrer der ganzen Welt empfehlen das Jogging. Wenn Sie jedoch kein Anhänger des Laufens sind, versuchen Sie, wenigstens mehr zu Fuß zu gehen. Laufen und Zu-Fuß-Gehen werden durch keine Gymnastik kompensiert. Wenn Sie endlich einen Spaziergang machen (vielleicht haben Sie Glück und Ihr Büro liegt nicht mehr als eine halbe Stunde von zu Haus entfernt), versuchen Sie in Bewegung richtig zu atmen. Dafür müssen Sie einfache Regeln einhalten:

14

1. Mit aufrechtem Rumpf gehen, den Brustkorb weiten und Schritte gleicher Länge machen.
2. Alle sechs oder, wenn es für Sie nicht schwierig ist, acht Schritte einatmen.
3. Sechs (acht) Schritte den Atem anhalten.
4. Sechs (acht) Schritte ausatmen.
5. Sechs (acht) Schritte den Atem anhalten.

Den Zyklus zehnmal wiederholen.

Somit haben Sie gleichsam den Zyklus der Vollatmung in der Bewegung ausgeführt. Wenn Sie lange spazierengehen, können Sie den ganzen Komplex zwei- bis dreimal mit Pausen durchführen. Dazwischen versuchen Sie auch, Ihre Atmung zu regulieren, indem Sie denselben Rhythmus einhalten, aber die Anzahl der Schritte für jede Phase reduzieren. Allmählich wird die richtige Atmung für Sie organisch und natürlich sein, was sich auf Ihre Gesundheit bestimmt auswirken wird.

Massage

Die Energie Zi wurzelt in den Füßen, fließt durch die Beine, wird mit Hilfe der Hüften mobilisiert und strömt durch die Finger heraus.

Zhang Sangfeng

Heute ist es kaum erforderlich, jemandem den Vorteil der Massage für die Gesundheit, ihre günstige Einwirkung auf die Muskulatur und inneren Organe zu bewcisen. Die Massage war seit alters her ein Bestandteil der traditionellen östlichen Medizin, die ihrerseits die Wirksamkeit aller zahlreichen Systeme des psychophysischen Trainings gewährleistete. Die allgemeinstärkende Massage und die Aufwärmungsmassage können einfach in bestimmten Körpergebieten, nach energetischen Meridianen und schließlich an konkreten biologisch aktiven Punkten (Akupressur) durchgeführt werden. Dabei kann man verschiedene Massagemethoden anwenden: leichtes und starkes Abklatschen, Kneifen, Abreibung, Druck durch Finger, Fäuste oder Handflächen sowie Massieren des Partners mit Hilfe der Beine.
Man braucht schwierige Methoden der östlichen Massage nicht zu erlernen, jedoch werden einige Massagegriffe jedem zugute kommen. Sie ermöglichen es, innerhalb von wenigen Minuten den Organismus in volle „Kampfbereitschaft" zu bringen.

Shaolinsche Selbstmassage

Vor der Morgengymnastik oder vor sportlicher Betätigung empfiehlt es sich, dynamische Selbstmassage nach einem System des legendären Shaolin-Klosters durchzuführen. Diese Massage führt man nach energetischen Meridianen aus, indem man den Blutkreislauf anregt, die Zirkulation der Bioenergie reguliert und das Nervensystem beruhigt. Die Formel dafür lautet: „Du wirst leicht, wie eine Wolke, weich wie eine Watte, beweglich, wie eine Feder".
Bei der Ausführung der Massage achten Sie auf die Atmung: Beim Abklatschen des Rumpfes, der Arme und Beine von oben nach unten ausatmen, beim Heben der Arme oder dem Aufrichten des Rumpfes einatmen.
Die Bewegungen werden mit gleichmäßigem Tempo ausgeführt. Die Aufmerksamkeit wird auf die gerade massierte Stelle konzentriert. Somit verbindet sich gleichsam die äußere Massage mit der inneren, die durch die Selbstsuggestion erzielt wird.
Die Selbstmassage kann nach einem Komplex von Atemübungen oder völlig für sich abgeschlossen

durchgeführt werden. Auf jeden Fall führen Sie vor der Massage eine zwei- bis dreimalige Reinigungsatmung aus. Entspannen Sie sich dabei und versuchen Sie, Ihre täglichen Sorgen zu vergessen. Dann strecken Sie sich und reiben die Hände ab. Die Übungen kann man nackt, in kurzen Sporthosen oder im Trainingsanzug ausführen.

Kopfmassage

15

1. Mit leicht gekrümmten Fingern die Haut anfassen und den behaarten Kopfteil massieren, indem man sich von der Stirn aus zum Nacken bewegt; fünf- bis siebenmal wiederholen.
2. Mit leichtem Kneifen den Hals massieren, von den Schultern aus zum Nacken hin. Die Punkte an der Schädelbasis mit Druck durch die Zeigefinger abreiben; neunmal wiederholen.
3. Anschließend die Haare kräftig ziehen, auf der ganzen Oberfläche des Kopfes; einige Male wiederholen.

Wirksam bei Schwindel, Kopfschmerzen, Hypotonie, beseitigt Ermüdung und Nervenspannung, stimuliert geistige Arbeit.

1

2

Gesichtsmassage

16

Alle Übungen werden neunmal ausgeführt.
1. Die Handflächen auf die Stirn legen und mit kreisenden Bewegungen nach rechts und nach links massieren.
2. Mit kreisenden Bewegungen die Augenbrauenbogen und die Schläfen massieren.
3. Die Augen mit den Fingern bedecken und langsam zudrücken.
4. Mit kräftigen streichelnden Bewegungen der Handflächen die Wangen von oben nach unten massieren.
5. Mit zusammengelegten Fingern die Wangen von den Nasenflügeln aus nach unten abreiben.
6. Mit kräftigen streichelnden Bewegungen von unten nach oben die Wangen massieren, indem man mit dem Daumen die Haut unter dem Unterkiefer erfaßt und mit den Mittelfingerspitzen die Augenbrauen hochzieht.
7. Mit beiden Händen die Ohren energisch abreiben.

Wirkt allgemein tonisierend und empfiehlt sich auch bei Schwindelgefühl, Kopfschmerzen, Gesichtslähmung, Entzündung des Trigeminusnervs, Augendruck sowie bei Erkältung.

1

2

3

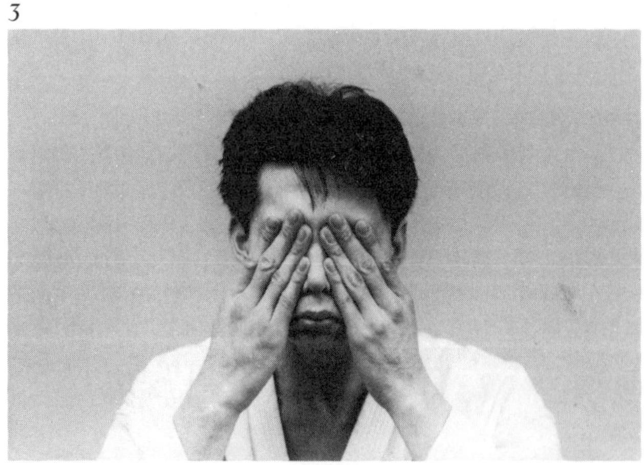

4

7

5

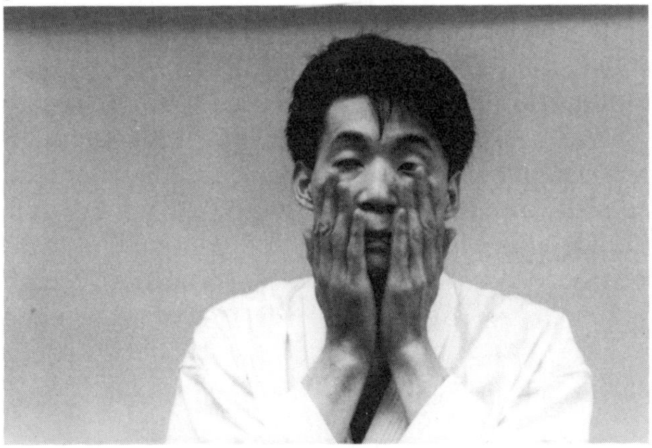

6

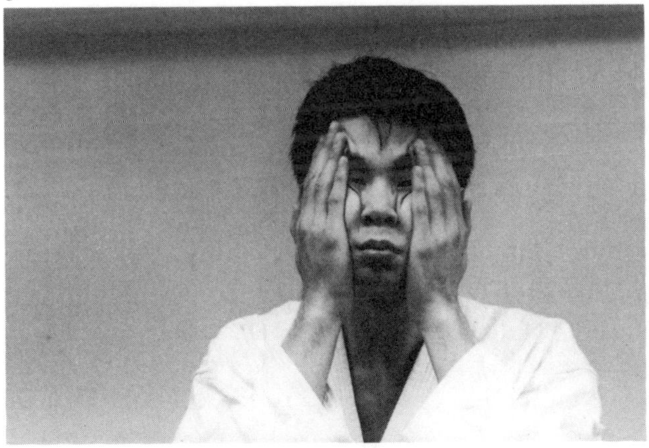

Hals- und Schultermassage

17

1. Die linke Hand über die rechte Schulter werfen und mit der Handfläche am Nacken klopfen. Gleichzeitig den rechten Arm hinter den Rücken ziehen und mit der äußersten Handfläche in der Wirbelsäulengegend klopfen. Den Kopf dabei ein wenig nach rechts drehen; neunmal wiederholen.
2. Die Seite wechseln und die Übung umgekehrt ausführen.
3. Mit der Faustbasis der beiden Hände den Nakken massieren, indem kreisende Bewegungen zur Wirbelsäule hin mit leichtem Druck ausgeführt werden.
4. Mit den Fingern den Nacken kneten, indem man sich nach oben von den Schultern aus zum Hinterkopf hin bewegt.

In der Halsgegend befinden sich zahlreiche aktive Punkte, deren Massage in jeder Form zur Abschaffung der Kopfschmerzen und der Ermüdung beiträgt sowie günstig einwirkt bei leichten Erkrankungen der Augen, Ohren und Atemorgane.

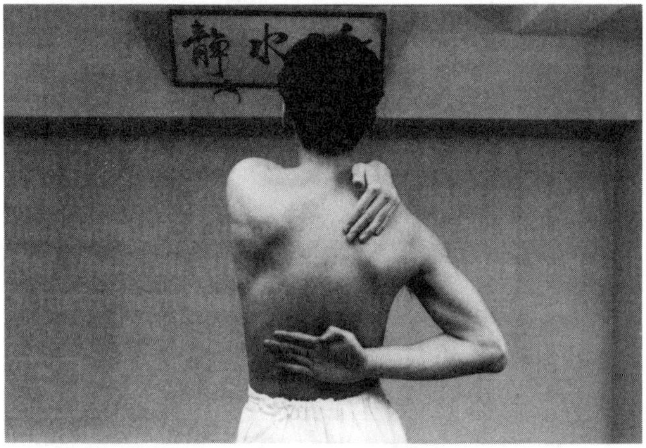

1

3

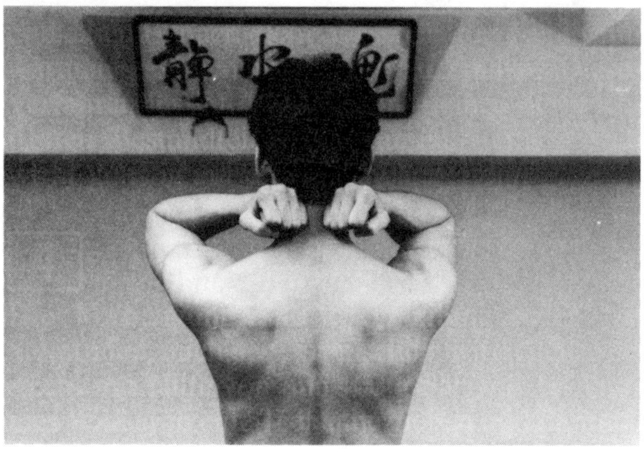

Massage der Arme

18

Alle Übungen werden neunmal ausgeführt.

1. Aufrecht stehen, Beine leicht gespreizt. Den linken Arm auf die Brusthöhe heben, nach vorn und ein wenig zur Seite ausstrecken. Mit der Faust des rechten Armes gegen die Außenseite des linken Armes von der Schulter aus zur Handwurzel hin von oben nach unten nicht kräftig, jedoch spürbar einige Male schlagen. Die Übung von unten nach oben wiederholen.
2. Die Arme wechseln und die Übung wiederholen.
3. Mit den Fingern und der Handfläche des rechten Armes die Muskeln auf der Außenseite des linken Armes anfassen und längs des Armes von oben nach unten ziehen, indem man zehnmal energisch kneift.
4. Die Arme wechseln und die Übung wiederholen.
5. Die Arme abwechselnd mit der Innenseite nach oben drehen und je neunmal schlagen und kneifen.

1

5

Neben der allgemein tonisierenden Wirkung hilft es bei Beweglichkeitsstörung und Einschlafen der Arme, bei Herzschmerzen, Interkostalneuralgie, Nervenstörungen.

3. Mit den Handflächen der beiden Arme an der Brust und am Bauch von oben nach unten und dann von unten nach oben kreisende Bewegungen mit Druck und leichtem „Anfassen" der Muskeln durchführen.
4. Die Abreibungen wiederholen, indem die Hände zu den Seiten hin bewegt werden.

Neben der allgemein tonisierenden Wirkung hilft es bei Luftröhrenentzündung, Bronchitis, Lungen-, Leber- und Nierenkrankheiten sowie bei Kopfschmerzen und Appetitlosigkeit.

5. Den linken Arm heben und die Faust ballen. Mit der Faust der rechten Hand (mit der Innenseite) von der Achselhöhle aus bis zur Lende hin klatschen.
6. Die Arme wechseln und die Abklatschungen wiederholen.
7. Den linken Arm heben und mit der Handfläche des rechten Armes den Oberkörper an der linken Seite massieren.
8. Die Arme wechseln und die Abreibungen wiederholen.

Brust- und Bauchmassage

19

Alle Übungen werden neunmal ausgeführt.
1. Mit geballten Fäusten der beiden Arme an der Brust und am Bauch von oben nach unten und dann von unten nach oben energisch mit der Innenseite der Fäuste klatschen.
2. Die Abklatschungen wiederholen, indem man die Fäuste vom Zentrum aus zu den Seiten hin bewegt.

1

3

5

7

Kreuz- und Rückenmassage

20

1. Die Arme hinter dem Rücken, die Ellbogen angewinkelt, mit der Außenseite der Fäuste von oben (der Mitte des Rückens) nach unten (bis zum Steißbein) längs der Wirbelsäule und dann von unten nach oben energisch klatschen.
2. Die Arme mit geballten Fäusten hinter dem Rücken ein wenig weiter auseinanderschieben und eine Reihe von energischen Abklatschungen von oben nach unten und von unten nach oben durchführen.
3. Mit der Außenseite der Fäuste in der Kreuzgegend leicht klatschen und dann das Kreuz mit kreisenden Bewegungen und Druck massieren.

Neben einer allgemein tonisierenden Wirkung beeinflußt die Kreuz- und Rückenmassage günstig das Nervensystem sowie die Tätigkeit der Lungen, Nieren, Leber und der Geschlechtsorgane.

1

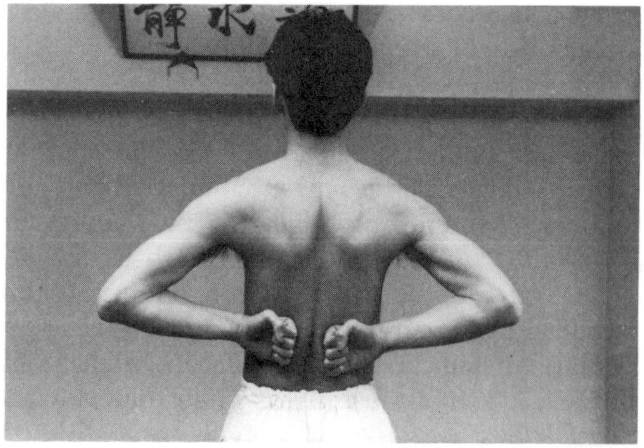

Beinmassage

21

1. Die Arme hinter dem Rücken, mit der Außenseite der Fäuste an den Gesäßbacken klatschen.
2. Mit den Fingern die Gesäßbacken von oben nach unten und von unten nach oben energisch kneten.
3. Den Körper leicht nach vorn neigen und die Beine ein wenig anwinkeln, an den Knien klatschen, und dann die Kniescheiben durchmassieren.
4. Den Körper leicht nach vorn neigen und die Beine anwinkeln, mit den Fingern die hintere Oberfläche der Beine kneten.
5. Den Körper leicht nach vorn neigen und die Beine anwinkeln, mit den Handflächen an den Ober- und Unterschenkeln energisch klatschen.
6. Mit dem linken Bein einen halben Schritt nach vorn ausführen, mit beiden Händen die vordere und hintere Oberfläche umfassen und allmählich beugend die Muskeln von oben nach unten energisch kneten.
7. Die Beine wechseln und die Übung wiederholen.
8. Dieselben Übungen ausführen, indem die Seitenfläche der Beine geknetet werden.
9. Mit dem linken Bein einen halben Schritt nach vorn, mit der Innenseite der Fäuste vom Oberschenkel bis zum Knöchel klatschen.
10. Auf einem Stuhl sitzend, den linken Fuß auf das rechte Knie legen und den Fuß mit kreisenden Bewegungen der Finger sorgfältig massieren. Auf den Punkt im Zentrum der Fußsohle neunmal kräftig drücken.

Fördert die Blutzirkulation in den Beinen nach langem Sitzen, beseitigt Müdigkeit, lindert Schmerzen.

3

4

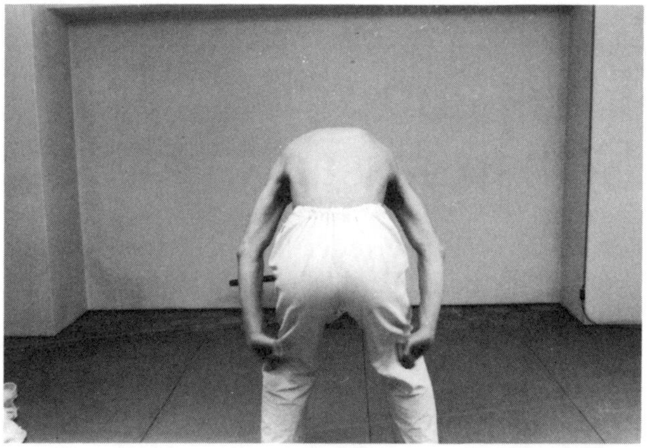

6

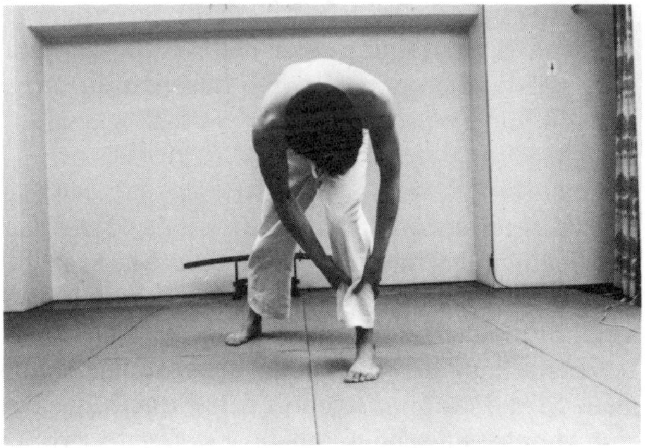

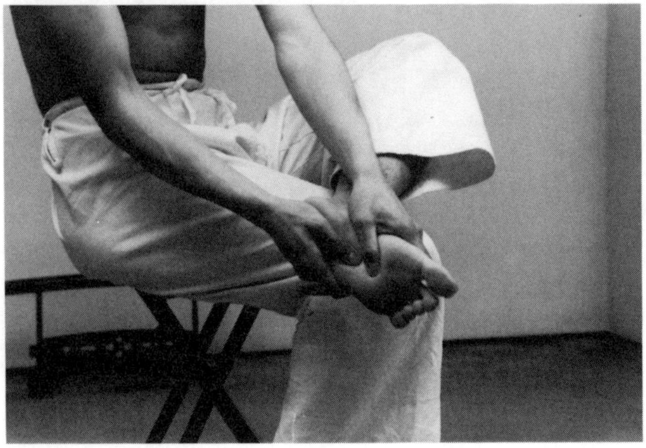

10

Entspannende Selbstmassage

Für Saune-Freunde (oder für diejenigen, die das japanische Bad „Furo" bevorzugen) kann man eine erleichterte allgemeine wiederherstellende Massage empfehlen. Sie beseitigt Müdigkeit und stellt die Leistungsfähigkeit der Muskeln wieder her, verbessert den Blutkreislauf, fördert die Resorption der Fett- und Salzablagerungen. Es ist auch nützlich, eine solche Massage nach einem intensiven Sporttraining oder der Kempo-Gymnastik vollständig oder teilweise durchzuführen.

22

Der verbreitetste Massagegriff ist das *Streichen* der Haut mit leichtem Druck. Die Massage beginnt und endet in der Regel mit diesem Streichen. Ein energischerer Massagegriff ist *„Ausdrücken"* mit Hilfe der Handflächenbasis. Außerdem wird die *Abreibung* mit den Fingern der beiden Hände und schließlich das *Kneten* der großen Muskeln angewandt. Beim Kneten muß der Muskel völlig entspannt sein, damit man ihn mit der Hand anfassen und sorgfältig massieren kann.

Die entspannende Selbstmassage beginnt gewöhnlich mit den Beinen (Fuß, Knöchel, Kniegelenke, Oberschenkel), dann kommen Bauch, Gesäßbacken, Lenden-, Rücken-, Brust-, Halsmuskeln und schließlich Gesicht und Kopf.

Die Bewegungen der massierenden Hand (oder der beiden Hände) werden in Richtung auf Lymphknoten sowie zum Herzen durchgeführt.

Beine – vom Fuß zum Knie, vom Knie zur Leiste;
Brust – vom Brustbein seitwärts;
Hals – von oben nach unten;
Rücken – von der Wirbelsäule zu beiden Seiten;
Bauch – mit kreisenden Bewegungen im Uhrzeigersinn;
Gelenke – kreisende Bewegungen (sorgfältig).

Man soll *nicht* die Achsel- und Leistengegend, die Ellbeugen an der Innenseite und die Kniekehlen massieren.

Gegenanzeigen für die Massage sind: Atemwegserkrankungen mit hoher Temperatur, Hauterkrankungen, akute Entzündungsprozesse und Blutungen, Krampfadern und Venenerweiterung.

Im Prinzip ist die entspannende Selbstmassage für gesunde Menschen von jedem Alter gedacht.

In der Sauna empfiehlt es sich, die Massage zwischen den Sitzungen in der Kabine durchzuführen. Man kann sich natürlich an einen beruflichen Masseur wenden, es lohnt sich aber kaum, dafür Zeit und Geld aufzuwenden. Verschieben Sie dieses kostspielige Vergnügen auf die Jahre, in denen Sie alt, krank und schwach sein werden, um sich selber dieses angenehme wie nützliche Vergnügen zu verschaffen. Die Selbstmassage verschafft ja ein unvergleichbares wundervolles Empfinden des „Modellierens" des eigenen Körpers, ebenso wie die meisten gymnastischen Kempo-Übungen.

Akupressur gegen Beschwerden

Es gebührt einem vollkommen weisen Menschen nicht, auf Druckpunktbehandlung zu verzichten und an den von der Natur gesandten Beschwerden zu leiden.

Bao Puzi

Die einzigartigen Methoden der Akupressur bzw. der Druckpunkteinwirkung auf den Organismus sind in China schon im ersten Jahrtausend vor Christi entstanden und wurden seit jener Zeit in vielen Generationen von Heilkünstlern und Lehrmeistern der Kampfkünste vervollkommnet. Heutzutage gibt es eine umfangreiche spezielle Literatur zur Akupunktur, Akupressur und zum Moxabrennen. Die Fachärzte für Reflextherapie in der ganzen Welt machen sich die Theorie und die Praxis der alten traditionellen Medizin erfolgreich zu eigen. Für jeden Normalbürger wäre es aber nützlich, sich einige elementare Fertigkeiten in der Punktemassage anzueignen, um mit eigenen Händen Schmerzempfindungen und Müdigkeit zu beseitigen, den Tonus und die Geschlechtspotenz zu erhöhen.

Die Akupressur beruht auf der bioenergetischen Theorie der chinesischen Medizin, laut welcher die Lebensenergie Zi (Qi) im Körper nach Meridianen zirkuliert. Es gibt insgesamt zwölf Meridiane, die mit den wichtigsten inneren Organen in Verbindung stehen. Dazu gehören noch zwei weitere Meridiane – vordermittlerer und hintermittlerer. Die Meridiane haben insgesamt mehr als 700 Projektionen auf vielen peripherischen Punkten in allen Körperteilen. Die sorgfältige Untersuchung der Punkte (Tsubo) und deren Funktionen erfordert Jahrzehnte, jedoch reicht es für die allgemeine Selbstregulierung aus, nur auf die wichtigsten und für die Gesundheit nützlichsten Punkte einzuwirken. Durch die Anwendung der Akupressur (Shiatsu) sparen Sie das Geld für Medikamente und ersparen sich die Zeit für den Arztbesuch.

Die schematischen Zeichnungen helfen Ihnen, die Punkte zu lokalisieren. Ein spezifisches, ungewöhnliches Empfinden bei kräftigem Druck mit der Fingerspitze auf den gegebenen Körperabschnitt zeigt an, daß **Tsubo** richtig festgestellt wurde. Regeln Sie die Druckkraft selbst, und denken Sie daran, daß keine unangenehmen und schmerzhaften Empfindungen entstehen sollen!

Kopfschmerzen

23

1. Mit dem Mittelfinger der rechten Hand auf den Punkt (1) zwischen den Augenbrauen mit kreisenden Bewegungen drücken (10mal).
2. Mit beiden Mittelfingern die Stirn vom Punkt (1) aus zu den Ohren hin mit auseinandergehenden Bewegungen reiben (5mal).
3. Mit beiden Daumen oder Mittelfingern auf die Punkte (2) an den Schläfen mit kreisenden Bewegungen drücken (5mal).
4. Mit beiden Mittelfingern auf die Punkte (3) in der Vertiefung hinter den Ohren mit kreisenden Bewegungen drücken (5mal).
5. Mit beiden Mittelfingern auf die Punkte (4) an der Schädelbasis im Hinterkopfteil drücken. Dann mit drei Fingern beider Hände (Zeige-, Mittel- und Ringfinger) den Nacken mit Druck massieren.

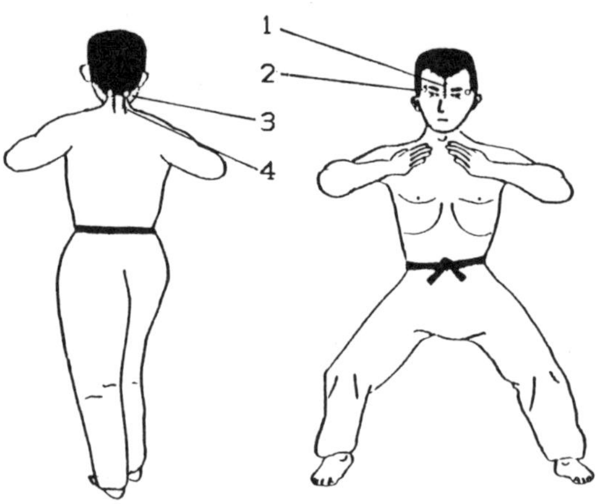

Ermüdung der Augen

24

1. Mit den Mittelfingern auf die Punkte (1) über der Mitte der Augenbraue am Haaransatz mit kreisenden Bewegungen drücken (10mal).
2. Mit den Zeigefingern auf die Punkte (2) im inneren Augenwinkel drücken (5mal).
3. Mit den Mittelfingern den Abschnitt unter den Augenbrauen mit Druck massieren und dann von den Punkten (2) zu den Punkten (3) an den Schläfen näher zum äußeren Augenwinkel übergehen. Auf die Punkte (3) mit kreisenden Bewegungen drücken (15mal).
4. Auf die Punkte (4) an der Ellbeuge, etwas näher zum äußeren Oberarm abwechselnd am rechten und dann am linken Arm drücken (je 20 bis 30mal).

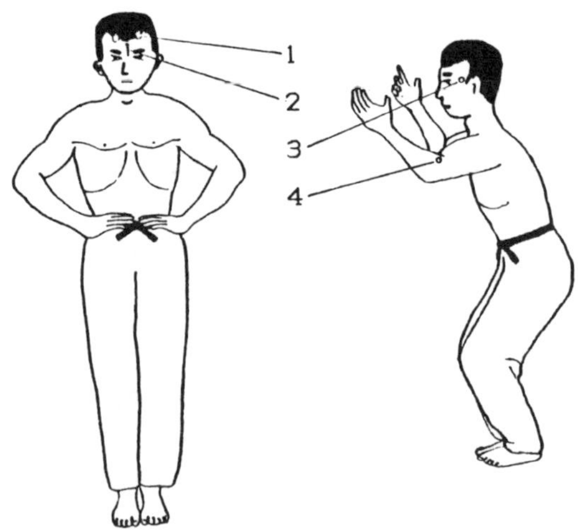

Schwerhörigkeit, Ohrensausen

25

1. Auf den Punkt (1) in der Vertiefung hinter den Ohren mit kreisenden Bewegungen drücken (10mal).
2. Mit Daumen und Zeigefinger das Ohrläppchen fassen und auf den Punkt (2) im oberen Teil des Ohrläppchens drücken (15mal).
3. Auf den Punkt (3) an der Grenze des inneren Teils der Ohrmuschel drücken (15mal).
4. Mit der Handkante auf den Punkt (4) im inneren Teil des Oberarmes an der Ellbeuge klopfen (20mal).

Nasenbluten

26

1. Mit den Zeigefingern die Punkte (1) in der Hinterkopfgrube an der Schädelbasis kräftig andrücken, indem der Kopf angehoben wird.
2. Mit der Handfläche leicht auf die Stirn klopfen (Kopf hoch).
3. Mit der Hand das Kinn fassen, den Kopf heftig erheben und von einer Seite zur anderen bewegen.

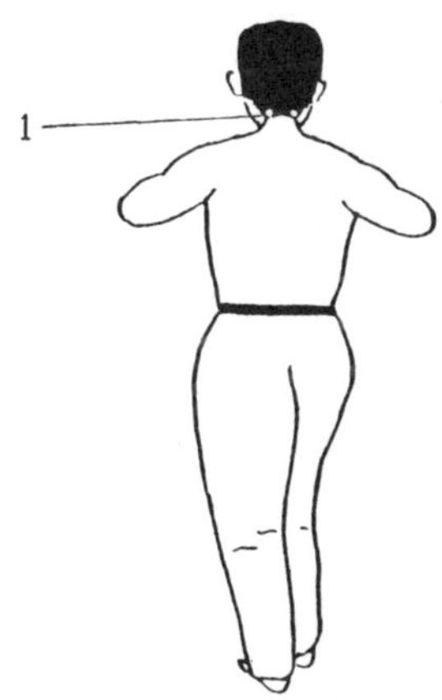

Zahnschmerzen

27

1. Auf den Punkt (1) zwischen Daumen und Zeigefinger der Hand, auf deren Seite sich der kranke Zahn befindet, je 10mal drücken, dreimal wiederholen, mit Unterbrechungen.
2. Auf den Punkt (2) an den Nasenflügeln auf der Seite mit Drehung drücken, auf der sich der kranke Zahn befindet (je 10mal, dreimal wiederholen); wirksam bei Unterkieferzähnen.
3. Auf den Punkt (3) am Kinn drücken (je 10mal drücken, dreimal wiederholen); wirksam bei Oberkieferzähnen.

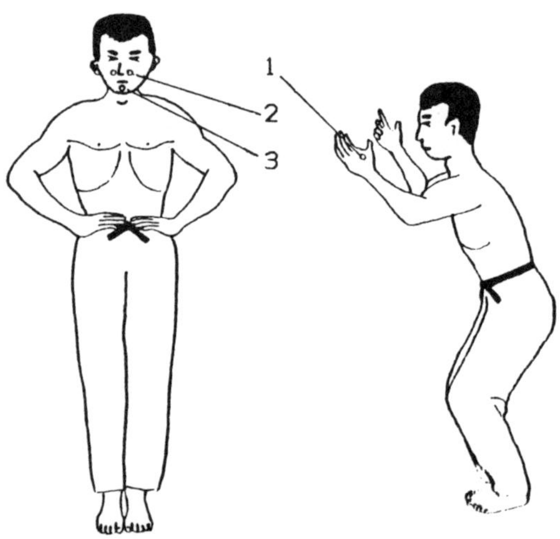

Muskelschmerz und Einschlafen der Muskeln des Oberarms

28

1. Mit Zeigefinger und Mittelfinger auf den Punkt (1) am rechten und am linken Oberarm abwechselnd mit Drehung drücken (einige dutzendmal).
2. Mit Zeigefinger und Mittelfinger auf den Punkt (2) auf der äußeren unteren Seite der Ellbeuge und auf den Punkt (3) auf der äußeren Seite des Oberarms an der Ellbeuge mit Drehung drükken (einige dutzendmal).
3. Die rechte Hand bis zur linken Schulter und die linke Hand bis zur rechten Schulter ziehen und mit kreisenden Bewegungen auf die Punkte (4), (5), (6), (7) am hinteren Teil der Schulter und längs der Wirbelsäule nacheinander drücken (je 10mal).

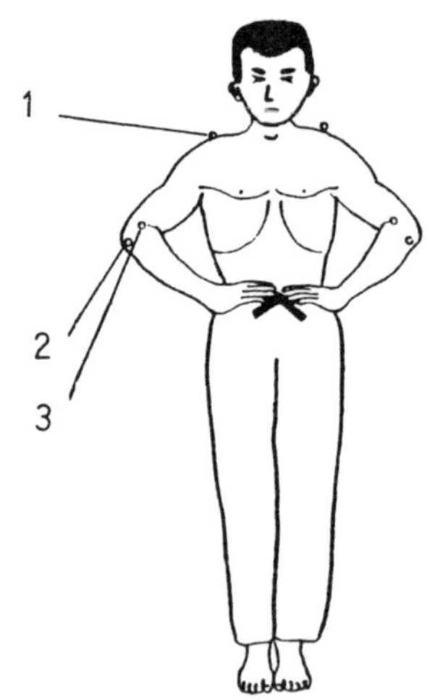

Lendenschmerzen

29

1. Mit drei Fingern den Punkt (3) am Steißbein mit Druck reiben (30mal).
2. Mit beiden Mittelfingern die Punkte zu beiden Seiten der Wirbelsäule längs der Linie (1) aufwärts soweit wie möglich nacheinander massieren (je 5mal).
3. Mit der inneren Handkante die Punkte (4) und (5) in der Ellbeuge reiben. Danach das Bein mit beiden Händen umfassen und mit den Zeigefingern auf diese Punkte drücken (10mal).

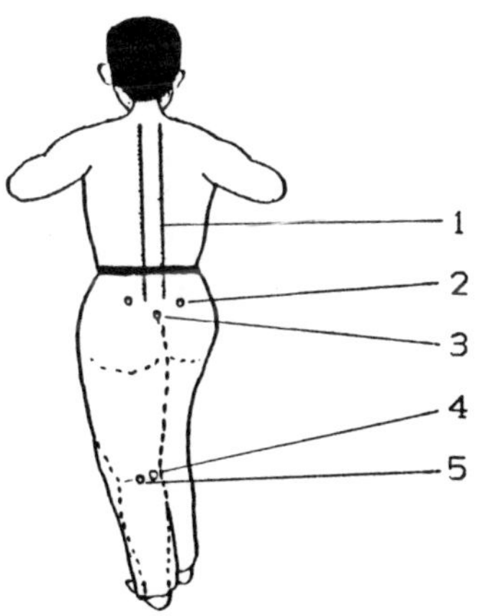

Knieschmerzen

30

1. Auf dem Boden sitzen, mit dem Daumen auf folgende Punkte nacheinander mit Drehung drükken: (1) – äußerer Teil des Oberschenkels, über dem Knie; (2) – oberer Teil des Oberschenkels, über dem Knie (60mal).
2. Mit dem Zeigefinger auf den Punkt (3) am oberen Teil des Unterschenkels unter dem Knie mit Drehung drücken (60mal).
3. Das Bein mit beiden Händen umfassen und mit den Zeigefingern auf die Punkte (4) und (5) in der Ellbeuge drücken (60mal).

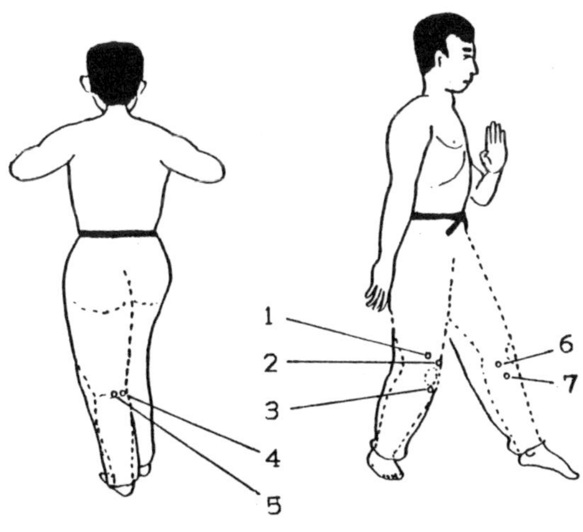

Bauchschmerzen

31

1. Mit den Daumen abwechselnd auf den Punkt (1) in den gegenüberliegenden Achselhöhlen drücken (je 3mal).
2. Mit dem Zeigefinger auf den Punkt (2) auf der Brust drücken (3mal).
3. Mit dem Daumen auf den Punkt (3) auf der oberen Seite des Oberschenkels über dem Knie drücken (je 5mal).
4. Mit drei Fingern die Gegend rund um den Nabel herum im Uhrzeigersinn massieren.

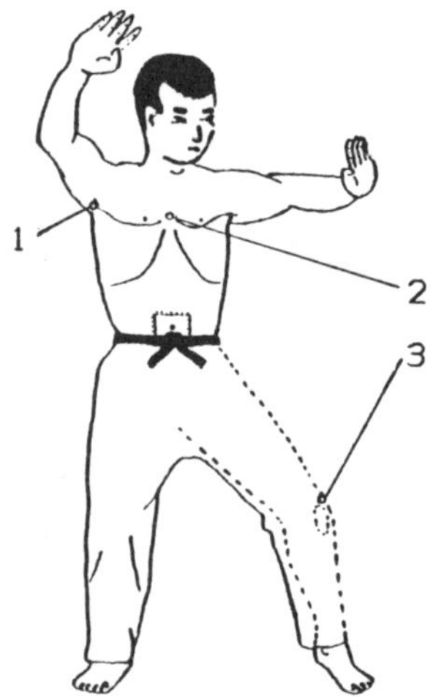

Magen-Darm-Störungen, schwache Peristaltik

32

1. Mit den Mittelfingern auf die Punkte längs der Linie (1) von der Lende aus zum Steißbein hin drücken (60- bis 80mal).
2. Mit der äußeren Faustfläche (Fingerknöchel) die Punkte längs der Linie (2) von dem Steißbein aus bis zur Lende hin aufwärts kneten (60- bis 80mal).
3. Mit den Mittelfingern auf die Punkte (3) in der Steißbeingegend mit Drchung drücken (30mal).
4. Mit drei Fingern die Gegend (4) rund um den Nabel herum massieren (täglich wiederholen).

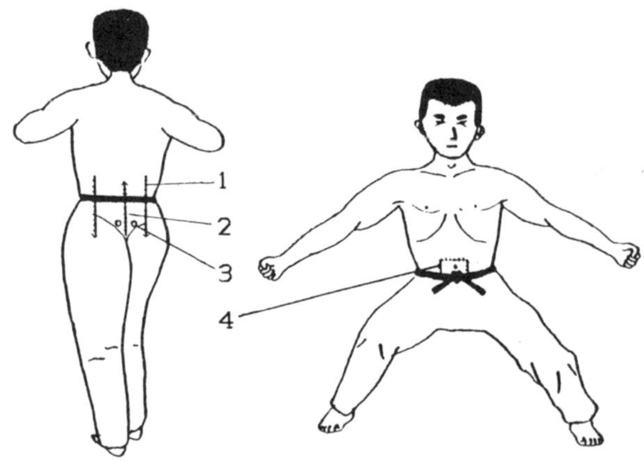

Appetitlosigkeit

33

1. Mit den Zeigefingern auf die Punkte (1) unter den Rippen drücken (20mal).
2. Mit den Daumenknöcheln auf die Punkte (2) zu beiden Seiten der Wirbelsäule in der Gegend des 10. Brustwirbels drücken (20mal).
3. Mit dem Daumenknöchel auf den Punkt (3) in der Gegend des 3. Lendenwirbels drücken (3mal, täglich wiederholen).

Nachlassen des Geschlechtstriebs

34

1. Mit den Mittelfingern auf die Punkte (1) zu beiden Seiten der Wirbelsäule unter dem 3. Lendenwirbel drücken (10mal).
2. Mit den Zeigefingern der beiden Hände auf die Punkte (2) und (3) in der Leistengegend ohne zu großen Druck nacheinander drücken (20mal, täglich wiederholen).

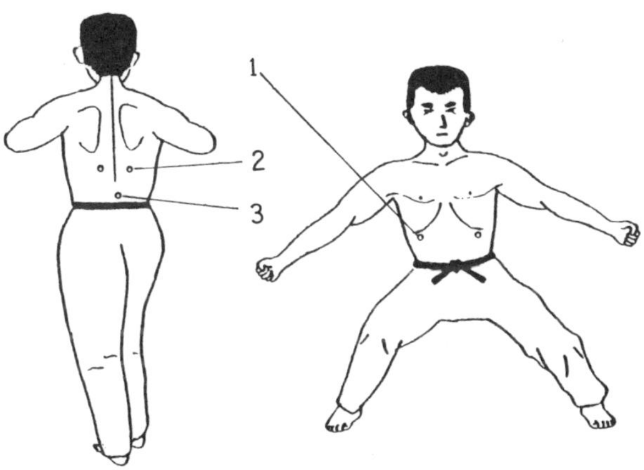

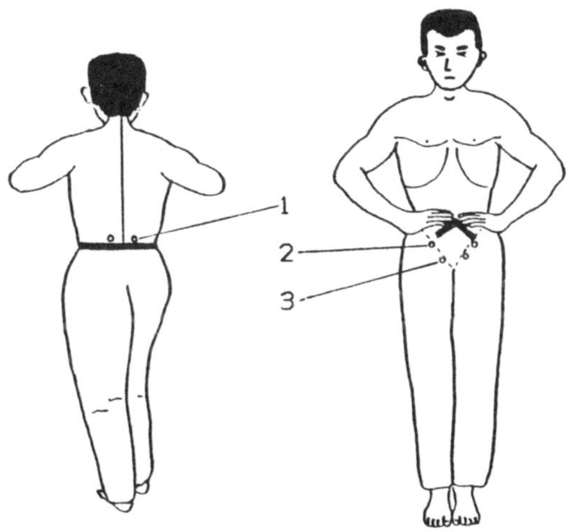

Partielle Impotenz

35

1. Mit den Mittelfingern der beiden Hände auf die Punkte (1) und (2) zu beiden Seiten der Wirbelsäule unter dem 3. und 2. Lendenwirbel drükken (je 20mal).
2. Mit den Zeigefingern auf die Punkte (3) unter dem Schambein drücken (20mal).
3. Mit den Daumen der beiden Hände auf die Punkte (4) auf der inneren Seite des Kniegelenks drücken (täglich wiederholen).

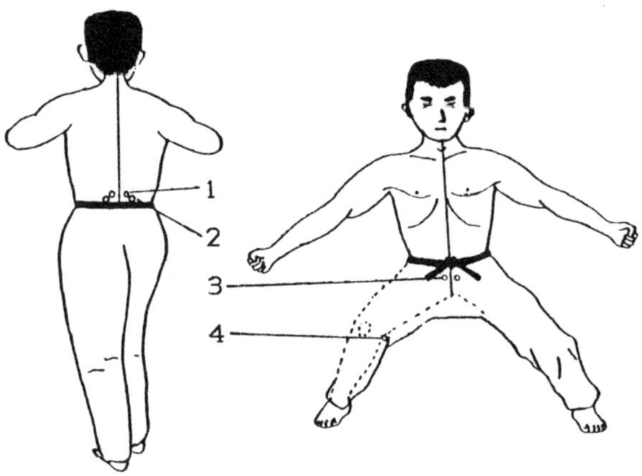

Kater (Übelkeit, schwerer Kopf)

36

1. Auf den Punkt (1) unter dem Ohrläppchen zwischen der Schädelbasis und dem Unterkiefer von beiden Seiten drücken (20mal).

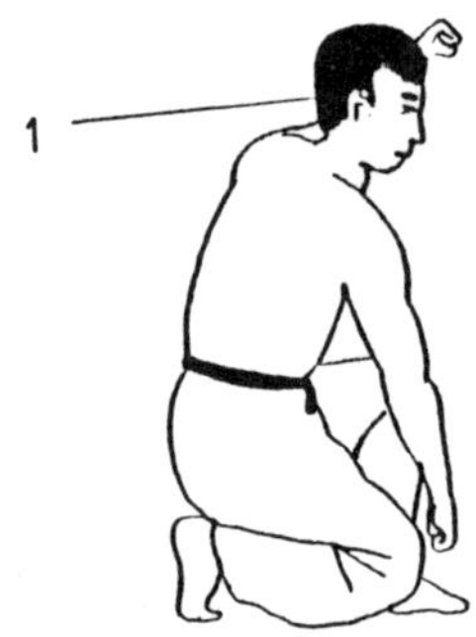

Ermüdung

37

1. Die Hand über die Schulter werfen und mit dem Mittelfinger nacheinander auf die Punkte (1) zu beiden Seiten der Wirbelsäule in der Gegend des 4. Brustwirbels drücken (je 20mal).
2. Mit drei Fingern den Abschnitt (2) in der Gegend des Sonnengeflechts im Uhrzeigersinn massieren.
3. Mit drei Fingern den Halsabschnitt (3) längs der Wirbelsäule von oben nach unten massieren.

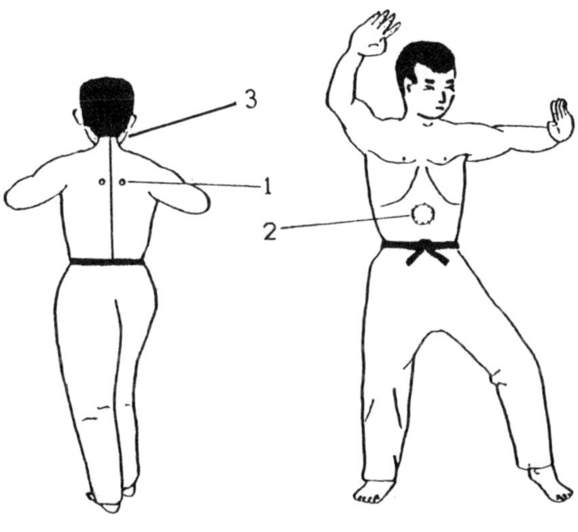

Schlafstörungen

38

1. Mit den Zeigefingern nacheinander auf die Punkte (1) auf beiden Schultern, unter dem Schlüsselbein mit Drehung drücken (je 20mal), den Kopf in die Gegenseite drehen.
2. Mit den Zeigefingern nacheinander auf die Punkte (2) auf der oberen Seite des Schultergelenks drücken (je 20mal).

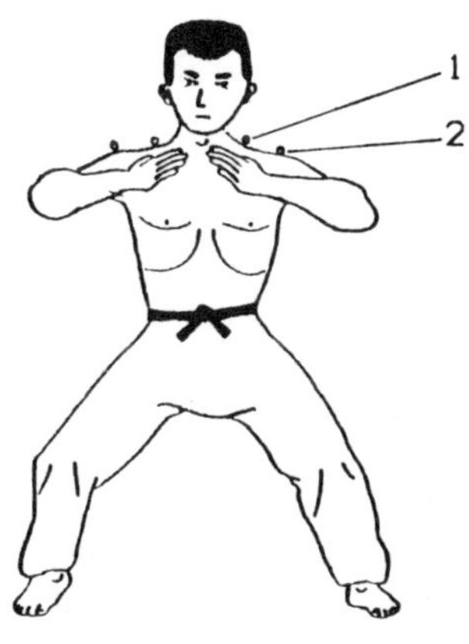

Haltung und Bewegungskoordination

Der Körper hält das Gleichgewicht, ohne nach links und nach rechts abzuweichen. Der Gegner soll Ihrem Übergang von Yin zu Yang und von Yang zu Yin nicht nachkommen. Man muß fest auf den Füßen stehen, wie ausgeglichene Waage, sich hastig bewegen, wie kreisendes Rad.

Wang Zungue

Allgemeine Umgangsformen

Alle östlichen Systeme des psychophysischen Trainings sind auf die harmonische Vervollkommnung der Persönlichkeit gerichtet. Dabei ist die Ausbildung der richtigen Haltung und des sicheren Ganges das ganz natürliche Ergebnis des ganzen Komplexes der Atem- und Gymnastikübungen. Menschen, die den größten Teil der Arbeitszeit sitzend verbringen, sollten aber einigen alltäglichen Empfehlungen folgen.

Man muß vor allem daran denken, daß langes Sitzen am Tisch sogar in einer idealen Haltung mit geradem Rücken zu Stauungen in der Wirbelsäulen- und Kleinbeckengegend und in den Beinen führt. Die Störung einer normalen Blutversorgung in der Wirbelsäulengegend und der dort befindlichen Leiter des sympathischen und parasympathischen Nervensystems kann zur Knochenerweichung führen. In den Beinen können Krampfadern entstehen, die Sexualpotenz läßt nach. Um all diese unangenehmen Erscheinungen zu vermeiden, sollte man erstens Atemübungen und eine „unsichtbare Gymnastik" (im hiesigen Sprachgebrauch: autogenes Training) für den ganzen Körper regelmäßig bei der Arbeit durchführen. Zweitens muß man wenigstens alle zwei Stunden aufstehen und eines der beschriebenen Aufwärmprogramme durchführen. Drittens muß man immer an die Energetik des Organismus und deren engste Verbindung mit der Physiologie denken.

Im Osten können die Kempo-Meister am Äußeren eines Menschen mit absoluter Sicherheit erkennen, ob er eine der Kampfkünste oder bioenergetisches Training betreibt. Das hängt damit zusammen, daß die in einem trainierten Körper zirkulierende Energie Qi den Muskeln Spannkraft, der Haut Elastizität, den Augen Glanz und der Haltung ungewöhnliche Anmut verleiht. Da das wichtigste energetische Zentrum das in der Bauchgegend befindliche Tanden ist (unterhalb des Nabels), hängt in Japan die Ausbildung der richtigen Haltung und die Bewegungsmanieren mit dem Begriff Bauch (Hara) zusammen. Es wird angenommen, daß sich der Schwerpunkt des Körpers und Tanden an einer Stelle befinden müssen. Die sogenannte Praxis Hara, die zum Hauptkursus des Kempo-Trainings gehört, verordnet eine natürliche Körperstellung in jeder Situation. Sowohl in unbeweglichem Zustand (stehend oder

sitzend) als auch beim Gehen müssen die Muskeln entspannt, die Schultern gesenkt, der Rükken aufgerichtet sein. Die Vollatmung mit Konzentration auf Tanden gewährleistet gleichmäßige Zirkulation der Energie Qi.
Im Prinzip wird die Koordination der Bewegungen durch gymnastische Übungen ausgebildet. Man muß aber auch den folgenden einfachsten Empfehlungen der alten Meister folgen:

39

1. Harmonische Übereinstimmung von Äußerem, Haltung, Kleidung, Manieren und sprachlichen Umgangsformen erreichen (was im Westen „individueller Stil" genannt wird);
2. in Haltung, Gang und sprachlichen Umgangsformen Stattlichkeit und Selbstvertrauen mit Natürlichkeit und ständigem Wohlwollen gegenüber anderen verbinden;
3. Änderungen der eigenen Laune nicht durch Gesten, Mimik und Haltung erkennen lassen und im Umgang mit den Menschen gleichmäßige und angenehme Manieren zeigen;
4. sich darum bemühen, immer Munterkeit zu erhalten und die Anzeichen der Müdigkeit nicht zu zeigen;
5. imstande sein, dauernd in einer unbequemen Stellung zu sitzen;
6. sich nicht an die Wand lehnen und nicht mit den Ellbogen auf sich zufällig bietende Gegenstände stützen;
7. sich nicht krumm halten.

Richtig Stehen

Der moderne Mensch, der seine Zeit hauptsächlich zwischen dem Bürosessel, dem Fahrzeugsitz und dem Sofa im Wohnzimmer verteilt, kann letzten Endes die Fähigkeit verlieren, normal zu gehen und zu stehen, obwohl er selbst das vielleicht gar nicht bemerkt. In seinem Gang entsteht eine Unsicherheit, wie bei einem Matrosen, der von Bord des Schiffes an Land gegangen ist: Er will möglichst rasch seine gewohnte Stellung im Sessel oder wenigstens im Stuhl einnehmen. Die Koordination der Bewegungen und der Gleichgewichtssinn werden gestört.
Die Fähigkeit, das Gleichgewicht zu halten, ist bei allen Menschen verschieden. Einige fallen zu Boden und brechen sich den Arm, wenn sie auf der Straße gestrauchelt oder ausgerutscht sind. Sportler, Zirkusakrobaten, Kaskadeure und Meister verschiedener Kempo-Schulen dagegen bringen es fertig, eine beneidenswerte Stabilität bei der Ausführung der kompliziertesten Tricks zu erhalten.
Jeder kann aber die Funktion des Gleichgewichtsapparats verhältnismäßig rasch durch spezielle Übungen verbessern, die auch zur Ausbildung der richtigen Haltung beitragen.
Man braucht diese Übungen, wie auch andere gymnastische „Vorbereitungskomplexe" des Kempo-Systems, nicht regelmäßig über eine lange Zeit durchzuführen. Man muß es nur erlernen, sie fehlerlos, sicher und ohne Anstrengung auszuführen, was höchstens einen Monat bei tagtäglichem Üben in Anspruch nimmt. Der ganze Anfangskomplex dauert nicht mehr als fünf bis sieben Minuten, und man kann ihn mit jeder beliebigen Sportart, Gymnastik oder speziellem Kempo-Training verbinden. Nach dem Erlernen des Anfangskomplexes werden Sie sich selbst im Raum

anders wahrnehmen. Wenn Sie aber auch den Hauptkomplex erlernt haben, können Sie sich sogar während eines Erdbebens auf den Beinen halten. Es ist zu empfehlen, die Übungen des Hauptkomplexes erst zu beginnen, wenn der Anfangskomplex mindestens zehn Tage geübt wurde. Man kann den Anfangs- und den Hauptkomplex nacheinander, ohne Pausen, aber auch einzeln, zu jeder beliebigen Zeit, ausführen.

Anfangskomplex

40

Komplex dient zur Entwicklung des Vestibularapparats.

1. Die Füße geschlossen, die Hände an der Hüfte, die Augen geschlossen, 20 Sekunden lang stehen.
2. Der rechte Fuß vor dem linken Fuß auf einer Linie, die Hände an der Hüfte, 20 Sekunden lang stehen.
3. Dieselbe Übung, aber mit geschlossenen Augen, 15 Sekunden lang stehen.
4. Die Füße geschlossen, die Hände an der Hüfte. Auf die Zehen stellen und 20 Sekunden lang stehen.
5. Dieselbe Übung, aber mit geschlossenen Augen, 15 Sekunden lang stehen.
6. Die Hände an der Hüfte. Mit dem rechten Fuß auf die Zehen gehen und die linke Fußspitze leicht abheben, 15 Sekunden lang stehen, dann die Beine wechseln.
7. Dieselbe Übung, aber mit geschlossenen Augen, 15 Sekunden lang stehen.
8. Füße geschlossen, auf Zehenspitzen stellen und fünfmal nach vorn beugen; einmal beugen in einer Sekunde.
9. Der rechte Fuß steht auf einer Linie vor dem linken Fuß, die Hände an der Hüfte. Je fünfmal nach links und nach rechts beugen; einmal beugen in einer Sekunde.
10. Füße geschlossen, auf Zehenspitzen stellen, den Kopf möglichst weit hochheben, 15 Sekunden lang stehen.
11. Dieselbe Übung, aber mit geschlossenen Augen, 10 Sekunden lang stehen.
12. Auf Zehenspitzen stellen, mit dem Kopf je sechs kreisende Bewegungen linksherum und rechtsherum ausführen; eine Kreisbewegung in einer Sekunde.
13. Dieselbe Übung, aber mit geschlossenen Augen.
14. Auf Zehenspitzen stellen, den Kopf mit schnellen Bewegungen zehnmal nach vorn neigen und wieder hochheben; die Augen sind geschlossen.

Hauptkomplex

41

1. Die Beine leicht gespreizt, die Füße parallel zueinander, die Beine leicht anwinkeln und in dieser Stellung zwei Minuten lang bleiben.
2. Den linken Fuß so nach hinten ziehen, daß die linke Fußspitze die äußere Kante des rechten Fußes berührt, die Beine leicht anwinkeln, und in dieser Stellung zwei Minuten lang bleiben; dann die Beine wechseln.
3. Auf dem rechten Fuß stehen, das linke Bein anwinkeln, mit der linken Hand den Knöchel von hinten fassen und ans Gesäß heranziehen. In dieser Stellung zwei Minuten lang auf einem Fuß stehen, dann die Beine wechseln.

4. Auf dem rechten Fuß stehen, das linke Bein anwinkeln und mit beiden Händen den Knöchel fassen und an den Bauch heranziehen. In dieser Stellung zwei Minuten lang bleiben; dann die Beine wechseln.
5. Auf dem rechten Fuß stehen (am Anfang kann man sich an eine Wand stützen), das linke Bein nach vorn ausstrecken und möglichst hoch heben. In dieser Stellung eine Minute lang bleiben; dann die Beine wechseln.
6. Auf dem rechten Fuß stehen (am Anfang evtl. an eine Wand stützen), das linke Bein möglichst weit nach hinten führen, und in dieser Stellung eine Minute lang bleiben; dann die Beine wechseln.
7. Auf dem rechten Fuß stehen, den linken Fuß auf eine Stütze legen (Tisch, Sessel- oder Sofalehne, zwei aufeinandergestellte Stühle o. ä.), eine Seite der Stütze zuwenden und in der Lende beugend mit den beiden Händen bis an die rechte Fußspitze reichen. In dieser Stellung eine Minute lang bleiben; dann die Beine wechseln.
8. Auf dem rechten Fuß stehen, möglichst tief nach rechts beugen, das linke Bein nach links und nach oben heben. In dieser Stellung eine Minute lang bleiben; dann die Beine wechseln.

In all diesen Übungen kann man eine angehängte Schlinge benutzen, mit der die Dehnfähigkeit der Beine entwickelt wird.

Korrektur von Plattfüßen

Solch ein verbreitetes Gebrechen wie Plattfuß kann natürlich nicht als besonders schwere Krankheit gelten, bringt aber viele unangenehme Empfindungen: Müdigkeit beim Gehen, Schmerzen in den Füßen nach langem Stehen, Schwierigkeiten beim Lauftraining usw. Besonders häufig leiden an Plattfuß fettleibige Menschen, bei denen das Übergewicht einen übermäßigen Druck auf das Fußgewölbe hervorruft und zu dessen Abplattung führt. Bei der Ausbildung des Plattfußes spielt auch die „Gewohnheit“, nicht richtig zu gehen, eine bedeutende Rolle.

Jeder, der eine gute sportliche Form erhalten will, muß gegen den Plattfuß genauso etwas unternehmen wie gegen verschleppte Gastritis oder Atemnot. Neben speziellen orthopädischen Schuhen leisten verschiedene Massagegeräte mit Noppen und Wellen gute Dienste. Die wirksamste Art der Selbstbehandlung ist aber die Fußgymnastik in Verbindung mit Massage. Bei regelmäßiger und intensiver Durchführung dieser Übungen kann eine spürbare Besserung nach zwei bis drei Monaten erreicht werden.

42

1. Füße geschlossen, von den Fußspitzen auf die Fersen und zurück schaukeln.
2. Füße geschlossen, auf beiden Füßen von rechts nach links schaukeln, indem man auf die Fußkante tritt.
3. Auf den Fußspitzen gehen.
4. Auf den Fersen gehen.
5. Auf den äußeren Fußkanten gehen.
6. Mit eingezogenen Zehen gehen.

7. Mit gehobenen Zehen gehen.
8. Barfuß stehen und versuchen, mit den Zehen kleinere Gegenstände vom Boden aufzuheben (Papierknäuel, Steinchen, Streichhölzer).
9. Auf dem Stuhl oder dem Boden sitzen. Mit beiden Händen den Fuß fassen (zuerst den rechten, dann den linken) und diesen rechtsherum und linksherum kreisen. Mit den Fingern den Fuß von der Fußspitze aus zur Ferse hin kneten.

Alle aufgezählten Übungen sind nutzbringend als eigenständige vorbeugende Maßnahmen, wie auch als Ergänzung zum Großen Komplex der Kempo-Gymnastik. Jede Übung muß 20 bis 30 Sekunden lang dauern, nach Möglichkeit zweimal am Tag ausführen.

Dieser Komplex gehört nicht zum obligatorischen Programm für diejenigen, deren Füße absolut gesund und gut entwickelt sind.

Richtig Bewegen

Nachdem Sie es erlernt haben, fest auf den Füßen zu stehen, können Sie einige Zeit der Vervollkommnung der Technik des Gehens und der besseren Bewegungskoordination im ganzen widmen. Die Übungen sind nur in einem großen Raum oder im Freien durchführbar. Diese Übungen, wie auch den vorherigen Komplex zur Ausbildung der Stabilität, muß man nicht ins ständige Programm aufnehmen, jedoch im Laufe von drei bis vier Wochen erlernen und ab und zu wiederholen.

43

1. Von einer Wand der Halle bis zur anderen gehen, indem die Bewegungen eines Schlittschuhläufers in sanfter Kurve imitiert werden.
2. Auf dieselbe Weise rückwärts zurückgehen.
3. Beim Gehen nun den rechten Fuß nach vorn stellen, indem der linke Fuß an die Ferse herangezogen wird.
4. Auf dieselbe Weise zurückgehen; dann die Füße wechseln.
5. Seitlings nach rechts gehen, indem der linke Fuß an den rechten herangestellt wird; dann die Seite wechseln.
6. In halbtiefer Kniebeuge nach vorn, dann zurück, nach rechts und nach links gehen.
7. Um die Halle herumlaufen, indem im Wechsel auf dem rechten und dem linken Bein gesprungen wird.
8. Um die Halle herum seitlings hüpfend laufen, indem der linke Fuß an den rechten herangestellt wird, dann die Seite wechseln.
9. Im Trab um die Halle laufen, dabei um die eigene Achse rechtsherum und dann linksherum drehen.
10. Aus dem Stand nach oben, nach vorn, zurück, nach rechts und nach links springen.
11. Auf der Stelle springen und gleichzeitig eine halbe Drehung rechtsherum ausführen (mit dem Gesicht in die entgegengesetzte Richtung). In die Ausgangsstellung im Sprung durch die halbe Drehung linksherum zurückkehren.
12. Im Sprung versuchen, sich um 270° oder mehr zu drehen (allmählich steigern).

Nach jedem Zyklus der Übungen führen Sie die Reinigungsatmung (Kampftechnik 12) durch.

Gruppierung und Fähigkeit zu fallen

Um sich in jeder Situation sicher zu fühlen, reicht es nicht aus, richtig stehen und gehen zu können. Man muß auch richtig und schmerzlos fallen können, um Verletzungen zu vermeiden, wenn man zufällig gestrauchelt ist.

Es gibt eine Vielzahl von Methoden der Gruppierung. Wir stellen hier nur einige wichtige vor, die mit der Zeit automatisch auszuführen sind. Zusammen mit den zwei vorherigen Komplexen gehören diese Übungen zum Kempo-Vorbereitungskursus und können innerhalb von drei bis vier Wochen erlernt werden, die nach dem Erlernen nur ab und zu zur Selbstkontrolle ausgeführt werden.

44

1. Aus dem Beugestand sanfte Vorwärtsrolle.
2. Aus der Hocke sanft rückwärts zum Kniestand rollen.
3. Aus der Sitzlage rückwärts rollen, indem die Knie mit den Händen umfaßt werden.
4. Aus derselben Lage rückwärts rollen, dabei auf die rechte Schulter fallen; die Seite wechseln und beim Rollen auf die linke Schulter fallen.
5. Aus der Hocke auf den Rücken fallen, indem dabei mit beiden Armen wie mit Flügeln den Stoß dämpfen (= Gruppieren). Die Arme keinesfalls anwinkeln, Verletzungsgefahr!
6. Aus derselben Lage rechts nach hinten fallen, dabei den Stoß mit dem nach rechts ausgestreckten Arm dämpfen. Beim Seitwärtsfallen versuchen, vom Becken auf die Schultern mit etwas gekrümmtem Rücken zu rollen, dann die Seite wechseln und links nach hinten fallen.
7. Dieselbe Übung aus dem Beugestand ausführen, die Beine allmählich strecken, bis die Übung aus dem Stand ausgeführt wird. Man kann zum Fallen aus dem Stand erst dann übergehen, wenn die Ausführung aus der Hocke und dem Beugestand hinreichend beherrscht wird.
8. Aus dem Kniestand vorwärtsfallen, gruppieren und den Stoß mit halbangewinkelten Armen dämpfen, den Kopf dabei etwas anheben.
9. Aus der Hocke vorwärtsfallen.
10. Aus dem Stand vorwärtsfallen, dabei in der Gürtellinie beugen, den Stoß mit den Händen und den Unterarmen sanft dämpfen, der Kopf leicht angehoben.
11. Aus dem Stand mit durchgestrecktem Körper vorwärtsfallen.

All diese Übungen muß man am Anfang auf weichen Matten ausführen, dann zur härteren Oberfläche übergehen (Boden, hölzerner Fußboden usw.). Es ist gut, Gruppierung und Dämpfung vom Beckenrand ins Wasser zu üben.

Statische Gymnastik

Man muß sich zu allem leichtherzig verhalten, man muß allem natürlichen Lauf lassen. Wozu in Furcht zögern oder sich beeilen in diesem Zeitraum zwischen Leben und Tod?

Yang Zhu

Zeit ist Geld, und es fehlt immer an Zeit für Erholung, Unterhaltung und Sport. Wer nicht täglich 40 Minuten für Atemübungen, Selbstmassage und Gymnastik aufwenden kann oder will, der kann in einer kleinen Pause einige statische Übungen ausführen. Dieses System der Übungen, die im Westen als „Isometrie" bekannt sind, ist auch ein Trainingsbestandteil vieler Kempo-Schulen.
Diese Übungen sind besonders nutzbringend, wenn Sie stundenlang am Tisch arbeiten müssen, umgeben von Ihren Kollegen (z. B. hinter einer Glaswand im Büro), und keine Möglichkeit haben, sich von Ihren Mitarbeitern abzusondern, um normale Gymnastik durchzuführen. Ohne die Aufmerksamkeit auf sich zu ziehen, können Sie innerhalb von einigen Minuten den Muskeltonus heftig erhöhen und die Ermüdung infolge der geistigen Arbeit beseitigen, wenn Sie diese „unsichtbare" Pausengymnastik gemacht haben. Alle Übungen werden im Sitzen mit geradem Rücken durchgeführt.

45

1. Halsmuskeln spannen, bis unangenehme Empfindungen auftreten.
2. Armmuskeln kräftig spannen, indem die Fäuste geballt werden.
3. Schulter- und Brustmuskeln spannen.
4. Bauchmuskeln spannen.
5. Gesäßmuskeln spannen.
6. Oberschenkelmuskeln spannen.
7. Unterschenkelmuskeln spannen.
8. Fußmuskeln spannen.
9. Alle Muskeln des Körpers, der Arme und Beine gleichzeitig spannen.

Vor den Übungen stimulierende Atmung (Technik 13), anschließend die Reinigungsatmung (Technik 12) ausführen. Jede Übung dauert wenigstens 30 Sekunden, bis unangenehme Empfindungen auftreten. Nach Wunsch kann man den ganzen Zyklus einige Male nacheinander wiederholen oder einige Übungen auswählen. Man kann auch die Übungen umgekehrt, „von unten nach oben", durchführen.
Man kann die „unsichtbare Gymnastik" einige Male am Tag üben. Es ist jedoch günstig, einen bestimmten Übungsplan einzuhalten, abgestimmt auf den Arbeitstag.

Isometrie

In den östlichen Systemen gymnastischer Übungen, in denen natürlichen Belastungen den offensichtlichen Vorzug gegeben wird gegenüber der Arbeit mit künstlichen Belastungen – Sport- und Trainingsgeräten –, nimmt das Kraftstützen, das im Westen als „isometrische" Übungen bekannt ist, einen wichtigen Platz ein. Das Stützen kann als nützliche Ergänzung zu anderen Arten des Krafttrainings dienen, kann aber auch Hanteln, Expander und verschiedene andere Trainingsgeräte ersetzen. Der Vorteil des Stützens gegenüber anderen Arten des Krafttrainings liegt auf der Hand. Erstens ist dafür kein spezieller Raum erforderlich: Die Übungen kann man in jedem Zimmer, im Büro oder zu Hause, in jeder Kleidung, zu jeder freien Minute durchführen. Außerdem sind hier Überbelastungen unmöglich, weil der Organismus den Grad der Belastung „automatisch" regelt. Das Stützen erhält nicht nur den Muskeltonus, sondern bewirkt auch eine ziemlich rasche, intensive und gleichmäßige Muskelvergrößerung (und Kraftzuwachs).

Der Komplex isometrischer Übungen umfaßt praktisch nur zwei Bewegungsarten – Drücken auf einen unbeweglichen massiven Gegenstand und „Ziehen" solch eines Gegenstandes auf sich, sei es Wand, Fußboden, Fensterbrett, Türpfosten, Schreibtisch, Baum oder Brüstung einer Brücke. Jedes Drücken oder Ziehen erfolgt mit maximaler Anstrengung, indem die eingenommene Stellung möglichst länger, jedoch wenigstens 30 Sekunden gehalten wird.

46

1. Am Schreibtisch sitzen, mit beiden Händen auf den Tisch kräftig von oben drücken.
2. Auf dem Stuhl sitzen, den Stuhlsitz von unten fassen und versuchen, den Stuhl „anzuheben".
3. Dieselben Bewegungen am Tisch oder am Fensterbrett stehend wiederholen.
4. Mit beiden Händen auf die Wand stützen und versuchen, die Wand „wegzuschieben".
5. Vor der Türöffnung stehen, mit beiden Händen auf beide Pfosten stützen und kräftig nach vorn drücken (die Brust nach vorn gewölbt, die Schulterblätter zusammengezogen).
6. Den Türpfosten mit Händen von beiden Seiten fassen und, mit den Füßen auf den Fußboden stützend, den Türpfosten auf sich „ziehen".
7. Mit einer Hand den Türpfosten fassen und der Türöffnung halb zugewandt stehen, den Türpfosten kräftig auf sich „ziehen".
8. In der Türöffnung stehen, mit dem Rücken an den Türpfosten lehnen, mit den Händen und Füßen kräftig auf die entgegengesetzte Seite des Türpfostens drücken.
9. In der Türöffnung stehen, mit den Händen auf den oberen Teil des Türpfostens stützen und versuchen, die Wand „anzuheben".
10. Dieselben Übungen auf der Straße während eines Spazierganges durchführen, dabei Gitter, Brüstung einer Brücke, Pfahl, Baum usw. als Stütze benutzen.

Es gibt spezielle Übungen für die Hände, die als gute Ergänzung dienen.

47

1. Stehend oder am Tisch sitzend die Fingerkuppen beider Hände zusammenlegen und stark zusammenpressen.
2. Die Finger beider Hände zusammenlegen und stark zusammenpressen, dabei die Ellbogen auseinanderziehen und die Hände an den Handwurzeln krümmen.

3. Dieselbe Übung, die Hände aber wie im Gebet zusammenlegen.
4. Die Hände wie im Gebet zusammenlegen und nacheinander nach rechts und nach links beugen, ohne diese auseinanderzuziehen.
5. Die Finger beider Hände ineinander verschränken und die Gelenke kräftig kneten.
6. Die Fingerkuppen beider Hände zusammenschließen und die Hände kräftig auseinanderziehen, indem man sich gleichsam darum bemüht, diese „auseinanderzureißen".
7. Jeden Finger kräftig ziehen.
8. Auf dem Stuhl sitzend, die Knie mit den Händen umfassen und kräftig an den Rumpf ziehen.

Die Stütz-Übungen kann man einige Male im Laufe des Arbeitstages (natürlich auch am Wochenende) ausführen. Davor jeweils stimulierende Atmung und anschließend die Reinigungsatmung durchführen (3mal). Machen Sie die Kraftübungen möglichst in einem gut gelüfteten Raum.

Dynamische Gymnastik

*Ein ungeschickter Kämpfer versetzt wütend einen Schlag, der aber keine richtige Kraft hat. Der Meister ist nicht so aufbrausend, seine Berührungen sind aber so schwer wie ein Berg, weil er die Energie **Zi** besitzt. Durch fleißiges Training kann man es erlernen, die Energie **Zi** in jeden Körperteil zu lenken, um einen Schlag zu versetzen oder abzuwehren.*

Jiao Yuan

Die gymnastischen Übungen bilden den wichtigsten und interessantesten Komplex der hier vorgestellten Kampftechniken. Diese Übungen sind im Prinzip für jeden gesunden Menschen gedacht.

Da die Belastung hauptsächlich von der Anzahl der Wiederholungen bei jeder Übung abhängig ist, beginnen Sie das Training mit kleineren Dosierungen (4- bis 5mal), um nach einigen Wochen allmählich auf 10 bis 12 Wiederholungen zu kommen. Für das „Einsteigen" in das eigenartige System der Kempo-Gymnastik kann man sich am Anfang auf den „kleinen Komplex" der Morgengymnastik beschränken. Die Übungen sind im großen Komplex mit „+" bezeichnet. Der ganze Komplex nimmt etwa 15 bis 20 Minuten in Anspruch. Nachdem die Technik der Bewegungen im ganzen beherrscht ist, kann man zum großen Komplex übergehen.

Die Übungen des großen Komplexes können zur Hauptform Ihrer körperlichen Aktivität werden, indem sie einen ausgezeichneten Muskeltonus erhalten, Bänder und Sehnen entwickeln, die Sensibilität der Nervenendigungen erhöhen und die Funkion aller inneren Organe verbessern. Bei regelmäßiger Ausführung des großen Kempo-Komplexes in Verbindung mit tonisierender Shaolin-Selbstmassage sind Ihnen Gesundheit und ausgezeichnetes Befinden schon gewährleistet, unabhängig davon, ob Sie dazu noch „westliche" Sportarten treiben oder nicht. Gleichzeitig wird die Kempo-Gymnastik für Sie immer eine zuverlässige Unterstützung sowohl im Sport, als auch für die tägliche Arbeit sein.

Man kann den großen Komplex zu jeder beliebigen Zeit ausführen, jedoch nicht früher als eine Stunde nach dem Essen und eine halbe Stunde nach dem Aufstehen. Wenn Sie den großen Komplex am Morgen durchführen wollen, frühstücken Sie nicht zu kräftig, jedoch nehmen Sie unbedingt einen kleinen Imbiß ein, z. B. ein Glas Joghurt oder ein Sandwich. Denken Sie daran, daß große körperliche Belastungen auf leeren Magen schädlich sind.

Es ist besser, ein ernsthaftes Training auf den Abend zu verschieben. Die Gymnastik ermöglicht es, die Ermüdung schnell zu beseitigen, sie bringt Ihnen einen neuen Schuß Munterkeit und Optimismus. Morgens begnügen Sie sich besser nur mit dem kleinen Komplex.

Wenn Sie in einer Sporthalle oder auf dem Sportplatz trainieren, beginnen Sie mit einem 5-Minuten-Lauf, indem Sie das Lauftempo periodisch verändern und „Einlagen" wie Vorwärtssprünge, um die Achse Drehen und Nachstellschritte mit Rechts- und Linkssprüngen vornehmen. Dann am

Ort springen: hoch, vorwärts und rückwärts, nach rechts und links. Wenn Sie in einer Wohnung üben, laufen und springen Sie am Ort. Danach zum großen Kempo-Komplex übergehen. Sie können den Komplex selber variieren, indem Sie einige Übungen, zum Beispiel aus Zeitmangel, weglassen und die Wiederholungsanzahl der Übungen vergrößern, die Ihrer Meinung nach für Sie besonders nutzbringend sind.

Der große gymnastische Kempo-Komplex

Streben Sie bei der Ausführung der Übungen danach, den Körper im halbgespannten, natürlichen Zustand zu belassen. Vermeiden Sie Muskel- und Nervenanspannungen. Versuchen Sie, eine maximale Beweglichkeit der Beine und der Arme in den Gelenken zu erreichen. Machen Sie nach einigen Übungen eine Atempause, entweder mit der im Komplex angeführten Methode oder mit der beschriebenen stimulierenden Atmung des Hatha-Yoga.

48

1. Ausgangsstellung einnehmen (Beine leicht gespreizt, Arme gesenkt).
2. Mobilisierende Atmung ausführen: durch die Nase tief einatmen, Arme dabei an die Brust ziehen, Handflächen nach oben, dann mit dem Laut „h-h-h" langsam mit Anstrengung durch den Mund ausatmen.
3. Arme anwinkeln, Hände an die Schultern heben, Handflächen nach außen gewandt. Hände völlig entspannen und energisch schütteln.
4. Die Übung mit den Händen wiederholen, Handflächen zur Brust gewandt.
5. Die Übung mit den Händen wiederholen, Finger zu beiden Seiten nach außen gebogen und Handflächen nach oben gewandt.
6. Arme vorwärts ausstrecken, Fäuste geballt. Mit den Fäusten nach innen, dann nach außen kreisen.
7. Arme an die Schultern heben, Fäuste ballen. Arme nach oben und seitwärts heftig ausstrecken, dabei die Fäuste öffnen.
8. Ellbogen auf die Schulterhöhe heben, Hände an die Achselhöhlen ziehen. Mit den Armen vorwärts und dann rückwärts kreisen.
9. Arme seitwärts auf die Schulterhöhe heben. Mit den Unterarmen vorwärts, dann rückwärts kreisen.
10. Mit den Armen vorwärts, dann rückwärts kreisen, dabei einen weiten Schwung über den unteren und oberen Punkt machen.
11. Arme anwinkeln, Fäuste auf Schulterhöhe anheben, Arme nach vorn oben mit einem Ruck strecken.
12. Ellbogen auf Schulterhöhe anheben, Fäuste vor der Brust zusammenziehen. Arme mit einem Ruck ausstrecken, dabei die Unterarme seitwärts auseinanderziehen.
13. Den rechten Arm nach oben heben, der linke Arm am Oberschenkel, Fäuste ballen. Mit den Armen weite Schwünge vor- und rückwärts machen.
14. Arme seitwärts auf Schulterhöhe anheben, Fäuste ballen. Mit heftigem Schwung die Arme vor der Brust verschränken.
15. Arme vorwärts auf Schulterhöhe anheben, Fäuste ballen. Mit heftigem Schwung den linken Arm auf Kopfhöhe anheben, den rechten Arm senken, dann die Arme wechseln.
16. Beine leicht gespreizt, Hände hinter dem Rücken geschlossen, Kopf anheben, dann nach vorn senken.

1

2a

2b

3

4

5

6

7

8

9

10a

10b

10c

11a

11b

12a

12b

13a

13 b

14

15

16 a

16 b

17

17. Den Kopf nach links, dann nach rechts neigen.
18. Mit dem Kopf linksherum, dann rechtsherum kreisen.
19. Hände vor der Brust zusammenschließen. Den Oberkörper aus den Oberschenkeln heraus rechtsherum, dann linksherum drehen, dabei die Beine leicht anwinkeln.
20. Arme seitwärts auf Schulterhöhe anheben. Den Oberkörper aus den Oberschenkeln heraus rechtsherum, dann linksherum drehen.
21. Beine zusammen, Hände an der Gürtellinie. Den Oberkörper nach vorn beugen. Rücken gerade, Kopf leicht anheben.
22. Hände hinter dem Rücken zusammenschließen. Den Oberkörper nach vorn beugen, dabei die Arme hinter dem Rücken nach oben heben.
23. Arme seitwärts ausstrecken und den Oberkörper nach hinten beugen, dann den Oberkörper mit einem Ruck nach vorn beugen und mit den Fingern die Fußspitzen berühren.
24. Ausgangsstellung, Beine leicht gespreizt, den Oberkörper nach rechts, dann nach links beugen, dabei einen Arm zum Unterschenkel senken und den anderen Arm an die Achselhöhle heranziehen.
25. Ausgangsstellung, den Oberkörper leicht nach vorn beugen, mit den seitwärts auseinandergezogenen Armen einen weiten Schwung nach rechts und nach links ausführen.
26. Ausgangsstellung, Hände an der Gürtellinie, den Oberkörper nach hinten beugen.
27. Ausgangsstellung, Hände an der Gürtellinie, den Oberkörper rechtsherum und linksherum mit Neigung drehen.
28. Ausgangsstellung, den Oberkörper aus den Oberschenkeln heraus in der Hüfte rechtsherum und linksherum drehen.
29. Ausgangsstellung, Beine leicht angewinkelt, mit den Knien nach innen, dann nach außen kreisen.
30. Beine zusammen. Mit den Knien rechtsherum, denn linksherum kreisen.
31. Von den Fußspitzen auf die Fersen hin und zurück schwanken.
32. Von der äußeren auf die innere Fußseite hin und zurück schwanken.
33. Beine weit gespreizt, Füße parallel, Hände hinter dem Kopf. Den Oberkörper tief nach rechts, dann nach links beugen.
34. Beine weit gespreizt, Füße parallel, tief nach vorn beugen, dabei mit den Händen zu den Füßen gehen.
35. Stellung mit dem Stütz auf den vorderen Fuß, mit durchgestrecktem Bein einen Schwung vorwärts machen; Beine wechseln.
36. Auf einem Bein stehen, Hände über dem Kopf zusammengeschlossen, mit dem rechten Bein einen Schwung nach hinten ausführen, dabei mit dem Oberkörper ins Hohlkreuz gehen; Beine wechseln.
37. Ausgangsstellung, mit dem rechten, gestreckten Bein einen Schwung nach rechts machen, dabei den Fuß nach innen abwinkeln, parallel zum Fußboden; Beine wechseln.
38. Auf dem linken Fuß stehen, sich mit der Hand an einer Wand oder an einem Sportgerät abstützen, heftige Beinschwünge nach vorn und nach hinten ausführen; Beine wechseln.
39. Auf dem linken Fuß stehen, das rechte Bein anwinkeln, bis zur Gürtellinie hochziehen. Mit der rechten Hand das Knie umfassen und das Bein heftig nach rechts ziehen. Gleichzeitig mit dem linken Arm nach links hinten ausschwingen, um das Gleichgewicht zu halten; Beine wechseln.
40. Auf dem linken Fuß stehen, das rechte Bein am Fußgelenk fassen und nach hinten ziehen, dabei den Oberkörper nach vorn beugen und mit der linken Hand den Fußboden berühren; Beine wechseln.

18

19

20

21

22

23a

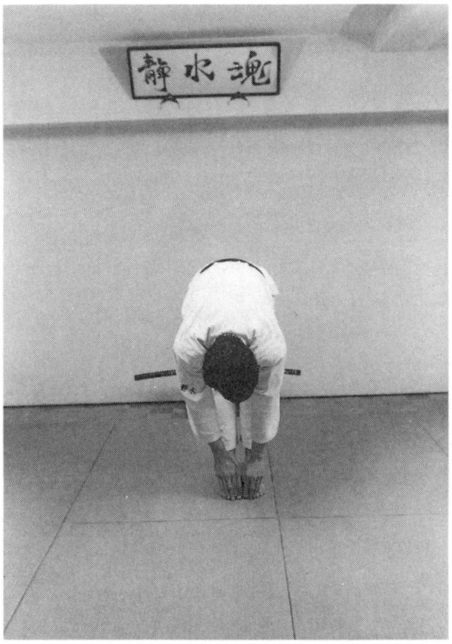

23 b

24

25

26

27

28

29a

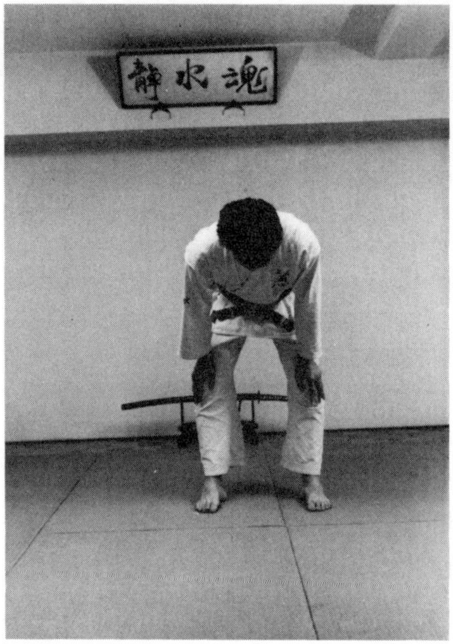

29b

30

31a

31b

32

33

34

35a

35b

36

37

38a

38b

39a

39b

40

41. Auf dem linken Fuß stehen, das rechte Bein leicht anwinkeln und mit einem Ruck nach vorn unten strecken; Beine wechseln.
42. Auf dem linken Fuß stehen, das rechte Bein ans Knie heranziehen, der Fuß dabei nach innen zum Unterschenkel gewandt, das Bein mit einem Ruck seitwärts und nach unten ausstrecken (der Fuß nach innen gewandt, parallel zum Fußboden); Beine wechseln.
43. Auf dem linken Fuß stehen, das rechte Bein anwinkeln und an die Gürtellinie heranziehen.
44. Beine leicht gespreizt, Fußspitzen etwas nach außen, Hände stützen sich auf die Knie; den Oberkörper etwas nach vorn beugen, indem man die rechte Schulter senkt und die linke hebt, in die rechte Kniebeuge gehen. Dann mit kreisender Bewegung in die Ausgangsstellung zurückkehren und ohne Pause nach links schwenken. Der ganze Körper, die Arme und die Beine bewegen sich wellenartig.
45. Den linken Fuß weit nach vorn stellen und mit den Händen auf das Knie stützen, danach streben, mit dem rechten Ellenbogen bis an den linken Fuß zu reichen; Beine wechseln.
46. Mit dem linken Fuß einen Schritt nach vorn machen und sich darauf stützen. Im Sprung die Beine wechseln.
47. Niederknien und einige Zeit auf den Fersen sitzen.
48. Hinknien, den Körper auf die durchgestreckten Arme abstützen, mit sanfter, wellenartiger Bewegung nach vorn schaukeln, dabei den Rücken biegen; dann mit der gleichen wellenartigen Bewegung in die Ausgangsstellung zurückkehren.
49. Die gleiche Bewegung wie in Übung 48 ausführen, dabei aber gleichzeitig den Oberkörper um die Längsachse drehen und das Gewicht vom rechten auf den linken Arm hin und zurück verlagern.
50. Auf den Knien den Körper nach hinten bis auf den Boden gleiten lassen und sich auf die Fersen legen, dabei die Arme hinter dem Kopf ausstrecken.
51. Sitzen, Fußsohlen zusammendrücken, mit den Händen die Fußspitzen fassen, sich nach vorn beugen und danach streben, mit der Stirn bis an die Fußspitzen zu reichen.
52. Strecksitz, Füße zusammen, mit den Händen die Füße fassen und den Kopf zu den Knien beugen.
53. Sitzen, das linke Bein nach vorn ausstrecken, das rechte Bein abwinkeln und nach hinten legen, die Hände an die linke Fußspitze ziehen und den Kopf zum Knie beugen; Beine wechseln.
54. Sitzen, das linke Bein strecken, das rechte Bein an die Brust heben und auf den rechten Unterarm legen, mit der linken Hand den gehobenen Fuß fassen und mit kreisenden Bewegungen rechtsherum und linksherum gut kneten, dann den Fuß mit beiden Händen an die Schulter und die Stirn heben; Beine wechseln.
55. Im Sitz das linke Bein nach vorn strecken, das rechte Bein abwinkeln und heben, mit der rechten Hand die innere Fußseite des gehobenen Beines fassen und schnell das Bein nach außen oben strecken; Beine wechseln.
56. Im Sitz das linke Bein nach vorn strecken, das rechte Bein über das linke kreuzen, den Oberkörper nach rechts hinten drehen; die Übung auf der anderen Seite wiederholen.
57. Im Sitz die Füße übereinanderkreuzen, mit den Händen die Knie fassen, sanft auf den Rücken und wieder in den Sitz rollen. (Man kann auch eine Rolle rückwärts ausführen.)
58. Aus der Körperstellung wie in Übung 57 rückwärts sanft auf die rechte, dann auf die linke Schulter rollen. (Man kann eine volle Rolle ausführen.)
59. Im Sitz beide Beine strecken und leicht vom

41a

41b

42a

42b

43

44a

44b

44c

45

46

47

48a

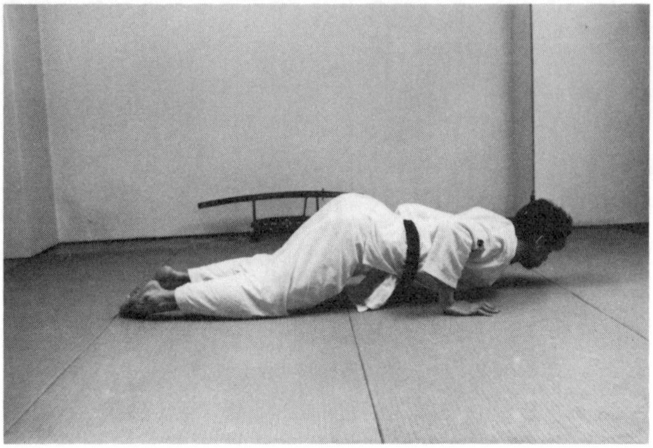
48b

48c

49a

49b

49c

50

51a

51b

52

53

54

55

56

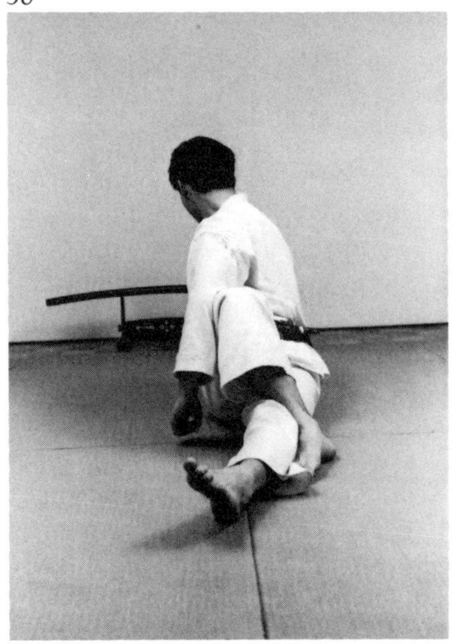

57

58

59

60

61

62

Boden anheben, in dieser Stellung eine Weile bleiben.
60. Rückenlage, dabei auf die Ellbogen stützen. Mit einer „vertikalen Beinschere“ die Beine nacheinander anheben.
61. Rückenlage, sich auf die Ellbogen abstützen. Mit einer „horizontalen Beinschere“ die angehobenen und gestreckten Beine einige Male verschränken.
62. Auf dem Rücken liegen, ausgestreckte Beine hochheben und hinter den Kopf ziehen, bis die Zehen den Boden berühren.
63. Die Übung 62 ausführen, die Knie zu beiden Seiten des Kopfes senken und in dieser Stellung bleiben.
64. Auf dem Rücken liegen, Beine hochheben und zusammen mit den Hüften nach oben strekken („Kerze“), dabei mit den Händen den Rücken abstützen. In dieser Stellung eine Weile bleiben.
65. Auf dem Rücken liegen, Arme seitwärts strecken, Beine hochheben, ohne den Rücken vom Boden abzuheben. Geschlossene Beine nach rechts, dann nach links legen.
66. In die Brücke gehen. Die Brust nach oben biegen, indem man sich auf den Hinterkopf und die Füße stützt und mit den Händen leicht sichert. Aus dieser Stellung kann man in die einfache Brücke gehen, mit einem Stütz auf Hände und Füße.
67. Die gleiche Übung ausführen und dabei die Arme auf den Bauch legen.
68. Bauchlage, mit Stütz auf den Händen den Oberkörper anheben, den Kopf hochheben und in dieser Stellung eine Weile bleiben.
69. Die vorherige Übung ausführen und den Kopf nach rechts und nach links drehen.
70. Bauchlage, mit den Händen die Füße fassen, den Kopf anheben und auf der Brust vorwärts-rückwärts schaukeln.
71. Die vorherige Übung ausführen und, ohne die Füße loszulassen, von der Brust auf den Rükken hin und zurück rollen, zuerst nach rechts, dann nach links.
72. Liegestützbeugen.
73. Arme beugen und strecken, mit Beugung in der Hüfte.
74. Liegestützbeugen auf den Fingerspitzen; weiterhin auf drei Finger gestützt (Daumen, Zeige-, Mittelfinger) ausführen.
75. Liegestützbeugen auf den Fäusten.
76. Liegestützbeugen auf den Handrücken und Handgelenken.
77. Auf die Hände und Füße abgestützt, am Ort federnd springen.
78. Das gleiche auf den Fäusten.
79. Die Ausgangsstellung einnehmen (Beine leicht gespreizt, Arme gesenkt). Atemübungen dreimal ausführen (s. Übungen 2 u. 3).
80. Den Komplex mit kurzer Meditation in Gebetsstellung abschließen.

63

64

65 a

65 b

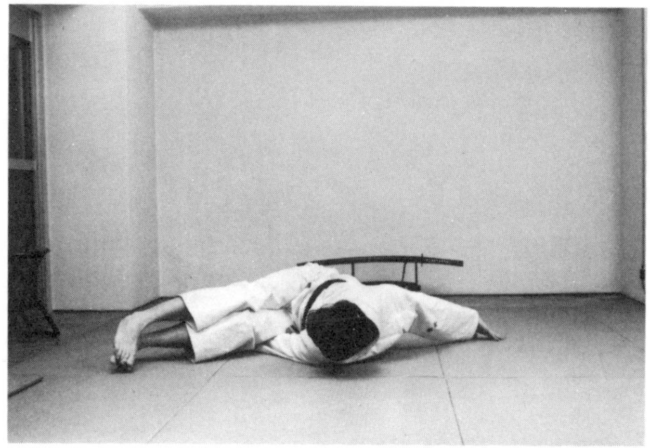

66

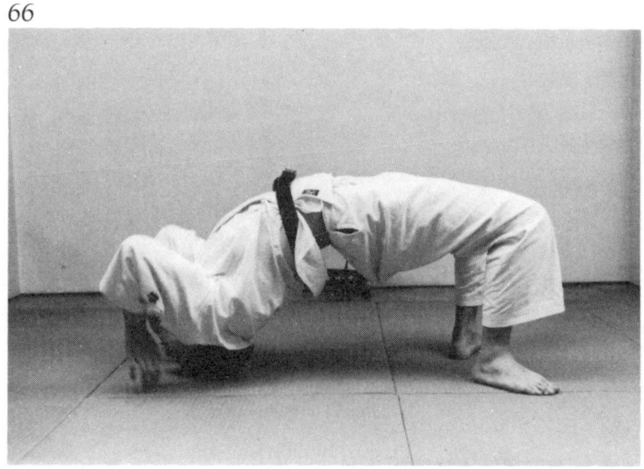

67

68

69

70

71a

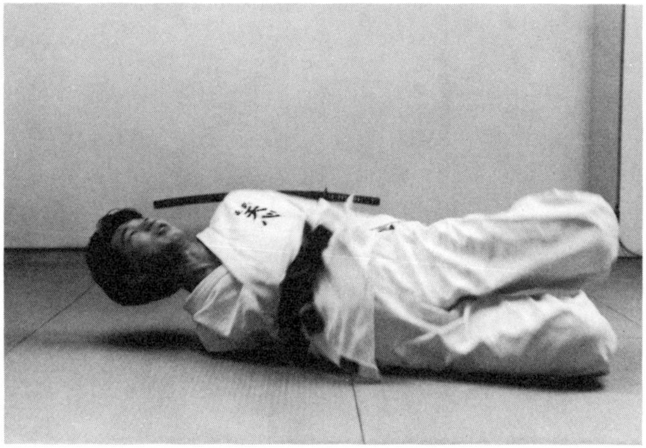

71b

72

73 a

73 b

74

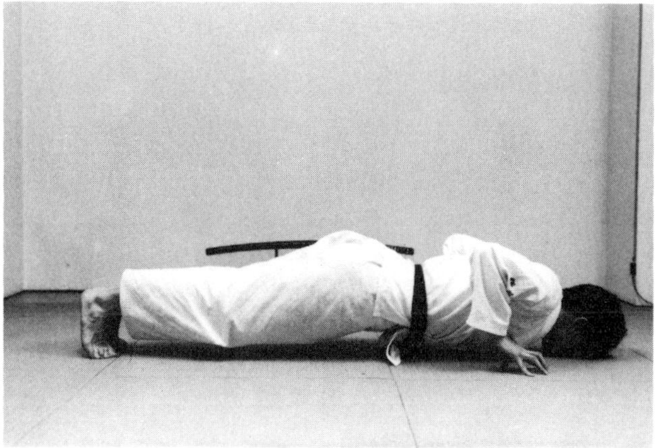

76

76

77

78

80

Nach den gymnastischen Übungen heiß duschen oder eine Sauna besuchen. Vergessen Sie nicht, sich mit einem Frottiertuch sorgfältig abzureiben.

Moderne Sportarten

Das Wasser ist der weichste und der schwächste Stoff auf der Welt, bei der Bezwingung des Harten und des Starken ist es aber unbesiegbar, und es hat nicht seinesgleichen auf der Welt. Die Schwachen besiegen die Starken, das Weiche bezwingt das Harte.

Laozi

In diesem Kapitel geht es eigentlich nicht um Kampftechniken, wie wir sie hier verstehen. Für einen Menschen, der in einer westlichen Zivilisation lebt, könnte natürlich die Frage auftauchen: Wie verträgt sich die Ausübung meiner jetzigen Lieblingssportart mit den Techniken, die mir in diesem Buch empfohlen werden? Gibt es Vorbehalte, beides gleichzeitig auszuüben?
Es wäre völlig ungerechtfertigt, auf die Übungen mit „westlichen“ Sportgeräten zugunsten der östlichen Gymnastik zu verzichten. Es wäre auch besonders unvernünftig in Anbetracht dessen, daß die beiden Trainingsarten in körperlicher Hinsicht einander gut ergänzen. Da wir aber unser Augenmerk auf östliche Systeme des psychophysischen Trainings richten, betrachten wir den vorliegenden Besuch einer Sporthalle oder eines Sportplatzes nur als Ergänzung.
Wenn Sie sich also gut fühlen und ein Bedürfnis nach höheren körperlichen Belastungen haben, als die oben beschriebenen gymnastischen Komplexe anbieten können, so wäre es für Sie von Nutzen, etwa zweimal wöchentlich Sport zu treiben. Nachdem Sie die notwendigen Messungen vorgenommen haben, um Ihre physische Norm festzustellen, können Sie ohne weiteres mit dem „Aufpumpen“ der Muskeln nach dem vom Trainer empfohlenen Plan beginnen.
Sie sollten jedoch beachten, daß die östlichen Trainingsmethodiken eine sehr langsame und stufenweise Steigerung der Belastungen für alle Muskelgruppen empfehlen.
Lassen Sie sich durch das „Bodybuilding“ nicht allzusehr vereinnahmen, indem Sie versuchen, Ihre Muskulatur auf den Höchstumfang zu vergrößern. Denken Sie daran, daß nicht zu große, jedoch spannkräftige und ausdauernde Muskeln, biegsame Gelenke, bewegliche Bänder und elastische Blutgefäße für die Lebenstätigkeit des Organismus viel wichtiger sind als eine Pseudoskulptur, mehr zur Eitelkeit als zur Gesundheit.
Trachten Sie nicht nach Rekorden, insbesondere wenn Sie schon nicht mehr zu den Jüngsten zählen. Sie werden kaum die Welt verwundern, wenn Sie 30 kg mehr als Ihre Norm heben, und Ihrer eigenen Gesundheit können Sie aber dabei einen nicht wiedergutzumachenden Schaden zufügen. Ihre Aufgabe ist prinzipiell anders. Sie besteht darin, den Leistungsvorrat Ihres Organismus zu vergrößern, um mit maximaler Effektivität zu arbeiten.
Wenn Sie morgens nicht laufen und als Autofahrer nicht zu Fuß gehen, bevorzugen Sie ein Laufbandtraining. Noch besser ist es, wenigstens 15 Minuten auf einem Fahrradergometer zu trainieren.

Widmen Sie auch bestimmte Zeit den Beugeübungen für die Stärkung der Bauchmuskeln und der Wirbelsäule: laut östlichen Lehren ist ja die Wirbelsäule der „Herr des Körpers“ und der Bauch der Hauptbehälter der Bioenergie.
Vergessen Sie nicht am Ende des Trainings den Streckhang am Reck. Versuchen Sie dabei, möglichst alle Muskeln zu entspannen.
Denken Sie auch immer an das Atemtraining. Vor dem Training führen Sie stimulierende Atmung und abschließend die Reinigungsatmung aus. Man sollte die stimulierende Atmung auch nach jedem Komplex der Übungen an einem bestimmten Trainingsgerät durchführen.
Sie müssen wissen, daß Sie nach der „künstlichen“ Vergrößerung ihrer Muskeln in kurzer Zeit diese durch dieselben Mittel im „aufgepumpten“ Zustand aufrechterhalten müssen. Sie müssen auch Ihr Ernährungssystem umbauen, indem Sie viel mehr Fette und Eiweiß verbrauchen, als Ihr Organismus eigentlich benötigen würde. Sie riskieren somit, zum Sklaven Ihres eigenen Körpers und seiner wachsenden Bedürfnisse zu werden.
Auch zu Hause kann man mit Expandern oder Hanteln sehr effektiv trainieren. Man kann einige elementare Übungen mit einem Expander zusätzlich zum täglichen kleinen oder großen gymnastischen Komplex durchführen. Mit 3–5 kg schweren Hanteln kann man viele Übungen des kleinen und des großen Komplexes ausführen, wobei die Arme frei bleiben.
Jedoch können weder Trainingsgeräte noch Expander und Hanteln die Übungen der Kempo-Gymnastik in all ihrer Komplexität ersetzen.
Für die Entwicklung der Finger- und Handmuskeln sind Übungen mit einem Fingerexpander nützlich. Diese Übungen sind nebenbei beim Spaziergang, Lesen oder der Arbeit durchführbar. Zwei bis drei Monate regelmäßiges Training machen Ihren Handgriff eindrucksvoll und kräftig.
Wenn Sie sich für die Schlagtechnik des Kempo ernsthaft interessieren, wäre es wünschenswert, sich eine „Birne“ und einen Sandsack anzuschaffen. Als Ersatz kann ein an ein Brett angenageltes Stück Autoreifen für das Üben der Faust- und Beinschläge verwendet werden. Das Brett wird bei den Übungen an die Wand auf einen Haken angehängt und nach dem Üben abgenommen.
Für die Dehnübungen der Beine, denen in allen östlichen Gymnastik-Systemen eine große Bedeutung beigemessen wird, wäre es nützlich, ein „Hänggerät“ einzurichten. Dafür wird eine Leine an einem Ende mit einer Schlinge versehen und über einen oben befestigten Haken (möglichst drehbar) geführt. Das andere Ende der Leine halten Sie in Ihren Händen. Den Fuß in die Schlinge stecken und sich darum bemühen, das eigene Bein mit den Händen möglichst hoch zu ziehen, indem die Lage des Stützbeines und des Rumpfes dabei verändert wird. In dieser Stellung machen Sie auch Drehbewegungen mit dem „aufgehängten“ Bein mit möglichst großem Radius. Das Gefühl der Unbequemlichkeit ist bald vorbei, und Sie werden Vergnügen an den Übungen finden!
Es ist nützlich, die Basistechnik der Beine (gerader Schlag, Seitenschlag, Kreisschlag) auf einem „Hänggerät“ zu üben.

Verbesserung der Funktion des Organismus

Ein völlig weiser Mann begeht keine Fehler. Seine Worte werden nicht durch den Mund gesagt und im Gesichtsausdruck nicht erkannt – dies bedeutet, daß er sich wie formloses Dao hält. Niemand in der Welt versteht den Sinn seiner Worte, er bewahrt seine Gedanken im tiefen Geheimnis.

Guanzi

Aufmerksamkeitstraining und Gedächtnisentwicklung

Man muß kaum beweisen, daß die Verbesserung der Aufmerksamkeit zu den wichtigsten Kampftechniken in unserem Alltag gehört. Das östliche Training bietet viele Methoden zur Verbesserung von Aufmerksamkeit, Konzentration und zur Entwicklung der Gedächtnisfunktionen an. Hier nur eine kleine Auswahl.

49

1. Konzentrieren Sie Ihre Aufmerksamkeit auf die Bewegung des Sekundenzeigers einer vor Ihnen liegenden Uhr über mehrere Minuten und versuchen Sie, sich nicht durch andere Gedanken davon abbringen zu lassen.
2. Auf dieselbe Weise auf die Bewegung des Minutenzeigers achten.
3. Über mehrere Minuten die auf der Straße vorübergehenden Menschen beobachten und ihre Zahl, Geschlecht, Alter und die Besonderheiten der Kleidung im Gedächtnis behalten. Nach einigen Minuten versuchen, sich bis in kleinste Einzelheiten zu erinnern.
4. Acht bis zehn kleinere Gegenstände (Büroklammern, Bleistifte, Zigaretten usw.) auf dem Schreibtisch auslegen. Auf diese Gegenstände aufmerksam schauen, dann sich umdrehen und versuchen, alle Gegenstände richtig aufzuzählen. Die Zahl der Gegenstände allmählich vergrößern.
5. In derselben Übung statt Gegenstände Schachfiguren, Dominosteine und Karten benutzen, indem man deren Anordnung wechselt.
6. Nehmen Sie Ihr Lieblingsbuch – Gedichte oder Prosa. Lernen Sie täglich einen kleineren Textabschnitt auswendig. Messen Sie die Zeit, die Sie dafür benötigt haben. Vergrößern Sie den Textumfang allmählich auf eine halbe Seite. Versuchen Sie weiterhin, die Zeit für das Erlernen zu verkürzen, indem Sie ein sogenanntes „photographisches Gedächtnis" entwickeln. Die auswendig gelernten Texte regelmäßig wiederholen.

Sehvermögen

Probleme mit dem Sehvermögen tauchen früher oder später für jeden auf. Wer nicht an Kurzsichtigkeit und Astigmatismus leidet, wird irgendwann altersbedingte Weitsichtigkeit haben.
Im Osten wird empfohlen, eine Augenmassage durchzuführen, um die normale Sehkraft möglichst länger zu erhalten und die Sehfehler wenigstens teilweise zu korrigieren. Solch eine Massage ist besonders nützlich bei angespannter Arbeit, nach einigen Stunden, die mit Lesen, Schreiben oder am Computer verbracht wurden. Die Massage ist ganz einfach.

50

1. Tief durch die Nase einatmen, die Handflächen auf die geschlossenen Augen legen und ausatmend die Augäpfel mit den Ballen zur Nasenwurzel hin und zurück massieren.
2. Tief einatmen und den Atem anhalten. Die Hände dabei so zusammenlegen, daß sie die Augen, die Nase und den Mund völlig bedecken. Die Augenlider senken. Vor dem Einatmen die Augen öffnen und „ins Dunkel" schauen, dabei durch die Nase einatmen. Dann durch die Nase ausatmen und gleichzeitig die Finger langsam fächerartig auseinanderspreizen.
3. Mit den Fingern beider Hände die Peripherie der Augenhöhlen entlanggehen, dabei gleichzeitig mit dem Daumen und dem Zeigefinger auf symmetrische Punkte (oben und unten) der inneren Augenwinkel, am Anfang, in der Mitte und am Ende der Augenbrauen, sowie unter den Augen fünf- bis sechsmal drücken. Die Punkte auf den Augenbrauen und unter den Augen mit kreisenden Bewegungen und Druck massieren.

Es wurden auch Komplexe von statischen und dynamischen Übungen erarbeitet, um angeborene und erworbene Sehfehler zu korrigieren.

51

1. Im Sitz den Rücken aufrichten und die Hände im Schoß zusammenlegen. Normal atmen und auf einen Punkt nach vorn sehen.
2. Nach dem Ausatmen mit maximaler Pause, ohne den Kopf zu drehen, mit beiden Augen nach links unten sehen und in dieser Stellung den Blick so lange fixieren, bis man den Wunsch hat, zu zwinkern, oder bis Tränen erscheinen.
3. Genauso den Blick auf einen Punkt rechts unten fixieren.
4. Eine Hand bis in Gesichtshöhe anheben und den Blick auf die Spitze des Zeigefingers fixieren. Dann den Finger zur Nase führen und dabei weiterhin auf die Nasenspitze sehen, bis die Augen müde sind.
5. Auf dieselbe Weise den Blick zwischen den Augenbrauen fixieren.
6. Die Augen abwechselnd intensiv nach links und nach rechts bewegen.
7. Mit den Augen kreisende Bewegungen nach rechts und nach links ausführen.

Empfehlenswert ist noch eine zusätzliche Übung für die Augen, die morgens und abens vor dem Waschen durchzuführen ist. Den Mund mit kaltem Wasser füllen, die Wangen aufblasen und die Augen weit öffnen. Mit den Händen die Augen mit Leitungswasser bespritzen, bis die Wassertemperatur im Mund etwa Raumtemperatur erreicht hat.

Vergessen Sie nicht die einfachsten Regeln der Lesehygiene: richtige Beleuchtung, richtige Haltung, richtiger Abstand zwischen den Augen und dem Buch, regelmäßige Pausen bei der Arbeit und schließlich richtige Brillen oder Kontaktlinsen.

Gehör

Denken Sie auch hier an Selbstverständlichkeiten wie die Reinigung der Ohren, um die Bildung von Ohrenschmalz zu vermeiden. So werden die folgenden Prozeduren zur Erhaltung und Verbesserung der Hörschärfe erfolgreich sein.

52

1. Mit den Zeigefingerkuppen die Vertiefung hinter den Ohren (unter den Ohrläppchen) mit leichtem Druck und kreisenden Bewegungen massieren. Dabei bewegt sich der rechte Zeigefinger in Uhrzeigerrichtung und der linke entgegen der Uhrzeigerrichtung. Mit sieben Bewegungen beginnen und innerhalb von drei Wochen die Zahl allmählich auf 21 erhöhen.
2. Mit den Händen die Ohren fassen und an diesen gleichzeitig entsprechend nach rechts und nach links zupfen. Die Zahl der Bewegungen ist die gleiche wie in der Übung 1.
3. Mit beiden Zeige- und Mittelfingern die Ohren von unten fassen und den Abschnitt rund um die Ohren herum in Richtung Schläfen und Hinterkopf massieren. Die Zahl der Bewegungen ist die gleiche wie in Übung 1.
4. Nach einem vorbereitenden tiefen Ein- und Ausatmen durch die Nase die Ohren mit den Daumen zudrücken, indem man von außen auf den Gehörgang drückt, und mit den Mittelfingern die Nasenflügel zudrücken. Dann die Lippen spitzen und kurz und heftig durch den Mund einatmen. Die Wangen aufblasen, den Kopf senken und mit den Zeigefingern die Augen schließen, den Atem anhalten und in dieser Stellung so lange bleiben, bis unangenehme Empfindungen auftreten. Danach den Kopf in die Ausgangsstellung heben, die Finger von den Augenlidern nehmen, die Nasenflügel loslassen, ruhig durch die Nase ausatmen und schließlich die Ohren öffnen.

Bei Entzündung des Hörnerves, die eine Gehörabnahme verursacht, kann man zu einer zusätzlichen Form der Selbstbehandlung greifen.

53

Eine Knoblauchzehe zerstoßen, zwei bis drei Tropfen Kampferöl hinzugeben, in Mull einwickeln und diesen Tampon 20 Minuten vor dem Schlafengehen ins Ohr stecken, so lange stecken lassen, bis ein Brennen auftritt, dann herausnehmen. Tagtäglich wiederholen, bis positive Ergebnisse erzielt sind.

Stimme

Diese Übungen gehören nicht zum allgemeinen Programm, sie können aber hilfreich sein, wenn Sie Ihre Stimmbänder entwickeln wollen, um Stärke, Tiefe und Wohlklang Ihrer Stimme zu erhöhen. Solche Übungen sind besonders nutzbringend bei chronischer partieller Schlußunfähigkeit der Stimmbänder, die leichte Rasselgeräusche und unangenehme Empfindungen in der Kehle verursacht. Die Atemwege sowie das Nerven- und Blutkreislaufsystem sind dabei auch einer heilsamen Einwirkung ausgesetzt.

Komplex 1

54

1. Aufrecht stehen, langsam, ruhig und voll durch die Nase einatmen.
2. Den Atem so lange wie möglich anhalten.

3. Durch den weitgeöffneten Mund heftig und mit dem Laut „Ha!“ ausatmen.
4. Reinigungsatmung durchführen.
Den Zyklus drei- bis viermal wiederholen.

Komplex 2

55

1. Stehend den Kopf etwas höher als gewöhnlich anheben.
2. Ohne den Atem anzuhalten und ohne Pausen zehnmal mit dem Laut „Ha!“ tief ein- und ausatmen.
3. Reinigungsatmung durchführen.

Wollen Sie gezielt auf Ihre Stimme einwirken, wiederholen Sie die Übungen täglich, morgens oder abends. Sonst reicht ein wöchentliches Üben.

Beseitigen von Müdigkeit

Nach einer ermüdenden Beratung, einer langen und anstrengenden Diskussion oder Schreibtischtäigkeit ist es sehr nützlich, Streß und Müdigkeit schnell und wirksam abzuschaffen. Dafür ist sehr wenig erforderlich.

56

1. Den Raum lüften und nacheinander stimulierende und Reinigungsatmung durchführen.
2. Natürliche Stellung einnehmen: Beine etwas gespreizt, Arme hängenlassen. Tief einatmend die Arme hochheben, dann ausatmend die Arme fallen lassen und den Oberkörper nach vorn beugen. Entspannen, die Hände schütteln und in dieser Stellung 20 Sekunden lang bleiben. Die Übung dreimal wiederholen.
3. Die Beine leicht gespreizt, die Arme hängenlassen. Einatmen und dann ausatmend den ganzen Körper heftig schütteln, wie ein Hund, der aus dem Wasser herauskommt. Die Bewegung muß sehr energisch sein. Die Übung dreimal wiederholen.

Wenn Sie allgemeine Ermattung, höchste Erschöpfung, physische und psychische Müdigkeit empfinden, greifen Sie zu „umgekippten“ Körperstellungen, die den Blutkreislauf ausgezeichnet regeln und die Hirntätigkeit stimulieren:

57

1. Auf einer harten Oberfläche liegen (Teppichboden, harte Couch), die Beine hochheben und mit den Händen die Gesäßbacken stützen, eine „Kerze“ einnehmen: die Beine und den Rumpf senkrecht halten, indem man sich auf die Schultern und den Hals stützt. In dieser Stellung so lange bleiben, bis man spürt, wie das Blut von den Füßen aus abfließt und in den Beinen ungewöhnliche Leichtigkeit auftritt. Wenn es am Anfang für Sie schwierig ist, das Gleichgewicht zu halten, können Sie sich eine Wand als Stütze nehmen.
2. Wenn Sie es schaffen, machen Sie einen Kopfstand, und bleiben Sie in dieser Stellung etwa eine Minute. Wenn Sie es aber nicht schaffen, ist das nicht schlimm, weil die „Kerze“ fast genauso wirksam ist.

Die „umgekippten“ Stellungen sind auch die einzige wirksame Therapie bei Venenerweiterung in den Beinen (im Anfangsstadium). Wenn Sie die „Kerze“ oder den Kopfstand regelmäßig machen, können Sie den varikösen Prozeß nicht nur unterbrechen, sondern auch die volle Genesung erzielen.

Bevor Sie wieder an die Arbeit gehen, liegen Sie ruhig auf dem Rücken, die Augen geschlossen und die Arme längs am Körper. Atmen Sie gleichmäßig und tief. Stehen Sie nicht zu rasch auf.

Sexuelle Potenzsteigerung

Das System des Kempo-Trainings wirkt ganz natürlich auf die sexuellen Funktionen des Organismus, die im Grunde genommen auf den psychophysiologischen Zustand des Menschen zurückzuführen sind. Wenn Sie Regeln der persönlichen Hygiene einhalten, diätetischen Verordnungen folgen, Atemübungen, Massage, gymnastische Komplexe, Akupressur und autogenes Training durchführen, denken Sie daran, daß Sie dadurch Grundlagen für ein vollwertiges Sexualleben schaffen.

Die Normalisierung der Funktion von endokrinen Drüsen infolge der Einwirkung eines heilbringenden Kempo-Komplexes führt an und für sich zur intensiven Absonderung von Sexualhormonen und zur vollständigen Beseitigung von Stauungen im kleinen Becken, die die Männer oft in Unruhe versetzen. Die Erhöhung des Muskeltonus und die Stärkung des Nervensystems ermöglichen es, periodisch auftretende Impotenz, sporadische Übergänge von höchster Sexualerregung zur Apathie und Gleichgültigkeit zu beseitigen. Als Folge davon wächst die Sicherheit im Umgang mit Sexualpartnern.

Die Methoden der Selbstregulierung helfen, die Sexualemotionen zu kontrollieren. Vorzeitige Ejakulation, schwache Erektion und andere Sexualstörungen werden beseitigt. Nicht nur Sie selbst spüren die innere Erneuerung, auch in Ihrer Umgebung nimmt man Ihre Ausstrahlung wahr.

Selbstregulation

Dao schätzt das Einhalten der Natürlichkeit der Dinge, und das Einhalten der Natürlichkeit der Dinge bedeutet, sich auf die Fähigkeiten der Menschen zu stützen und sie auszunutzen.

Guanzi

Eines der stärksten Mittel zur Verbesserung aller Lebensfunktionen und zur Mobilisierung innerer Ressourcen des Organismus ist das autogene Training. Verschiedene Methoden des autogenen Trainings (im Westen werden sie am häufigsten mit dem deutschen Psychotherapeuten J. H. Schultz verbunden) wurden im Osten vor vielen Jahrhunderten erarbeitet und sowohl in der religiösen Praxis als auch in zahlreichen Schulen der Kampfkünste, der Theaterkunst und der Heilung erfolgreich angewandt.

In Verbindung mit einigen Formen der Hypnose und Selbsthypnose stellt das autogene Training die bewußte Einwirkung auf das Gebiet des Unterbewußten dar. Durch die suggerierten sinnlichen Gestalten erfolgt die Regulierung verschiedener psychophysiologischer Prozesse, die im Organismus ablaufen. Anders gesagt, beeinflussen spekulative Ideen aktiv die Stimmung und das Befinden des Menschen, festigen den Schlaf, erhöhen die Arbeitsfähigkeit und vergrößern die Muskelkraft.

Bekanntlich „arbeitet" der menschliche Organismus in extremen Situationen von selbst, ohne jede bewußte Einflußnahme. Der Kranke kann sein Gebrechen überwinden, der vor Verfolgern Fliehende kann über eine Schlucht springen, eine massive Tür durchbrechen... Wir kennen einfach nicht alle verborgenen Möglichkeiten unseres Nervensystems. In Indien, China und Japan wurden aber diese Möglichkeiten im Laufe von Jahrhunderten sorgfältig untersucht und systematisiert. So wurden einzigartige Methoden des autogenen Trainings erarbeitet: Steuerung der Aufmerksamkeit, Operieren mit bildhaften Vorstellungen, wörtliche Suggestion, Steuerung des Atemrhythmus und Regelung des Muskeltonus. Einige Empfehlungen der Kempo-Schule helfen dem modernen Menschen, alltägliche Probleme zu lösen und Schwierigkeiten zu überwinden.

Autosuggestion

Indische Jogis und chinesische Meister des Qigong vollbringen die reinsten Wunder durch die Selbstsuggestion, indem sie in Zustände hypnotischer Trance eingehen, den Schmerzsinn ausschalten, den Puls verlangsamen, Schnee durch die Wärme des eigenen Körpers schmelzen lassen. All dies ist sehr interessant, jedoch zu schwer verständlich und praktisch nicht nachvollziehbar für Menschen westlicher Zivilisation. Wenn Sie sich aber begrenzte und realistische Aufgaben stellen, können Sie eine zielgerichtete willensmäßige Einstellung Ihres eigenen Zustandes über einen längeren Zeitraum vornehmen und eine sehr schnelle Erhöhung des Tonus erreichen.

Sie können sich sicher an das einfachste Beispiel der Selbstsuggestion erinnern. Wenn Sie müde sind, aber noch eine wichtige Arbeit zu erledigen haben, tun Sie folgendes: Entspannen Sie im bequemen Sitz, schließen Sie die Augen und stellen Sie sich intensiv eine Situation vor, in der Sie in gehobener Stimmung sind und sich darum bemühen, die beste Form zu halten: auf dem Tennisplatz, in der Halle für Judo-Training, bei jeder Art sportlicher Betätigung, bei einem großen persönlichen oder beruflichen Erfolg oder im Bett mit einem Partner/Partnerin. Von diesem Zustand durchdrungen, öffnen Sie die Augen und „kehren zum Leben zurück". Sie sehen dann, daß einige Minuten der Relaxation aus Ihnen einen anderen Menschen gemacht haben, der voll Energie und Optimismus ist. Verankern Sie diese sinnliche Vorstellung in Ihrem Bewußtsein, die so günstig auf Sie gewirkt hat, und versuchen Sie bei Bedarf, dieses Bild zu nutzen. Mit der Zeit bildet sich bei Ihnen ein bedingter Reflex heraus, und eine Drei-Minuten-Pause mit Relaxation wird Ihnen eine mehrstündige Ruhe ersetzen.

Es gibt Methoden der Autosuggestion für verschiedene Fälle. All diesen Methoden liegt das Eingehen in den Zustand der vollständigen Entspannung zugrunde, in welchem dann eine Einwirkung auf verschiedene Funktionen des Organismus erfolgt. Das Erlernen des autogenen Trainings geht langsam und allmählich vor sich, bis die Suggestion die entsprechende Wirkung hervorzurufen beginnt.

Später können Sie dieselbe Wirkung fast augenblicklich erreichen, wenn Sie die „magische Formel" für sich wiederholen. In uralten Zeiten wurde die Verankerung von suggerierten Vorstellungen und Zuständen durch spezielle Gebetsworte – Dharani – sowie spezielle fixierende Gesten – Mudra – erreicht. Heutzutage können Sie statt der Gebetsworte ganz moderne „Zaubersprüche" gebrauchen, die Sie auch selbst auf Band aufnehmen. Selbstverständlich können Sie den Text in Gedanken für sich wiederholen, auch ohne Kassettengerät, die Aufnahme stört aber auch nicht. Der Text soll langsam – mit Pausen – gesprochen werden. Sie sollten eine bequeme Armhaltung wählen, in welcher die Arme im Laufe der ganzen Sitzung bleiben.

Die Übungen sollten, insbesondere am Anfang, in einem gut gelüfteten und möglichst ruhigen Raum, in bequemer Kleidung ausgeführt werden, am besten auf dem Boden liegend, den Körper ganz durchgestreckt, die Arme am Körper. Die Daumen und Zeigefinger formen einen Kreis. Später, mit entsprechender Übung, können Sie die Übungen auf einem Sofa liegend oder im Sessel sitzend ausführen. Die Übungen können nach dem Erlernen einzeln oder zusammen in beliebiger Reihenfolge ausgeführt werden. Beim Erlernen ist die Reihenfolge einzuhalten. Von rein physischen Empfindungen wie Wärme, Kälte, Schwere oder Leichtigkeit können Sie allmählich zu Vorstellungen übergehen, die mit der Zirkulation der Bioenergie im Organismus verbunden sind. Dabei sei vor einer „Selbsttätigkeit" in der Autosuggestion gewarnt und vor Versuchen, in die Prozesse energetischer Zentren (Chakra oder Zinnoberfelder) einzudringen, von denen Sie vielleicht gehört oder in Esoterik Büchern gelesen habe. Lassen Sie diesen Bereich für die östlichen Meister, die eine langjährige spezielle Ausbildung absolviert haben.

Übung 1

58

1. Ich liege in bequemer Stellung. Mir geht es gut. Der Körper ist entspannt, der Geist ist durch nichts getrübt. Der Wille ist bereit, die Nerven und die Muskeln zu steuern, dem Körper zu befahlen.
2. Ich denke an nichts, ich empfinde keine Hast, ich bin durch keinen Faden mit jemandem verbunden. Alle Sorgen sind jenseits des magischen Kreises geblieben. Absolute Ruhe, vollkommene Abgeschiedenheit. Ich bin bereit, in jeden beliebigen neuen Zustand einzugehen. Ich kann meinen Geist und meinen Verstand kontrollieren. Ich spüre meinen Körper, jedes Teilchen davon. Mein Körper ist bereit, meinen Befehl auszuführen.
3. Ich konzentriere die Aufmerksamkeit auf das Gesicht. Ich entspanne die Stirn-, Wangen-, Lippen-, Halsmuskeln. Meine Augenlider schließen sich, der innerliche Blick ist zwischen die Augenbrauen gerichtet, wo sich das „dritte Auge der Weisheit" befindet.

Meine Zähne sind zusammengeschlossen, jedoch nicht zusammengebissen, die Zungenspitze berührt die Basis der Oberkieferzähne.

Mein Gesicht ist ruhig und unbeweglich wie eine Maske.

4. Die Rumpf-, Arm- und Beinmuskeln sind entspannt. Der Körper liegt gleichsam im Wasser.
5. Ich atme ruhig ein und aus, lege einen gleichmäßigen Atemrhythmus ein. Mit der rhythmischen Atmung werde ich von Ruhe und Versöhnung völlig durchdrungen.
6. Jetzt will ich, daß mein rechter Arm schwer wird...

Ich will, daß der rechte Arm schwer wird...
Daß der rechte Arm schwer wird...
Der rechte Arm schwer wird...
Der Arm schwer wird...
Schwer wird...
Schwer...
Schwer...

Da stelle ich meine Aufmerksamkeit auf den linken Arm um. Ich will, daß mein linker Arm schwer wird...

Daß der linke Arm schwer wird...
(und so weiter, wie im vorherigen Beispiel)

Angenehme Schwere hat beide Arme erfüllt... Ich empfinde Schwere in den Armen...

(Pause)

7. Ich habe mich entspannt, ausgeruht, von der Nervenspannung befreit. Ich bin ruhig und friedlich. Mein Geist ist rein und klar. Ich bin kräftig, gesund, voll Energie. Ich bin frisch und munter.
8. Da wird mein Atem tiefer, energischer... Es tritt eine angenehme Empfindung des Muskeltonus auf. Die Schwere im Körper ist vorbei, der Kopf wird klar... Da balle ich meine Fäuste, hebe die Arme. Da stehe ich vom Boden auf und kehre zum Leben, zur Arbeit zurück.

Übung 2

59

Die ersten fünf Schritte aus Übung 1 werden absolviert.

6. Angenehme bindende Schwere erfüllt die beiden Arme. Und jetzt will ich, daß das rechte Bein genauso schwer wird...

Ich will, daß das rechte Bein schwer wird...
(usw. wie in Übung 1)

Ich stelle die ganze Aufmerksamkeit auf das linke

Bein um. Ich will, daß mein linkes Bein schwer wird... (usw. wie in der Übung 1).
Angenehme, ruhige, gleichmäßige Schwere hat meine Beine erfüllt... die Schwere hat den ganzen Körper umfaßt... Ich bin entspannt und unbeweglich...
Es folgen die Schritte 7, 8 der Übung 1.

Übung 3

60

Die ersten fünf Schritte aus Übung 1.
6. Angenehme, ruhige Schwere hat meine Arme, Beine, den ganzen Körper erfüllt. Ich bin völlig entspannt, ruhig, froh...
Jetzt will ich, daß mein rechter Arm warm wird...
Der Arm warm wird...
Warm wird...
Warm...
Jetzt ist der linke Arm an der Reihe. Ich will, daß mein linker Arm warm wird...
Warm wird...
Warm...
(Pause)
Heilsame Wärme hat meine Arme erfüllt. Die Wärme pulsiert in den Fingerspitzen, in den Händen, zerfließt in den Unterarmen, geht über zu den Oberarmen... Meine Arme strahlen Wärme aus.
Es folgt Schritt7 der Übung 1.
8. Da wird mein Atem tiefer, energischer... Es tritt angenehme Empfindung des Muskeltonus auf. Die Empfindung von Schwere und Wärme im Körper geht vorbei, der Kopf wird klar... Da balle ich meine Fäuste, hebe die Arme. Ich stehe vom Boden auf und kehre zum Leben, zur Arbeit zurück.

Übung 4

61

Die ersten fünf Schritte aus Übung 1.
6. Angenehme Schwere erfüllt meine Arme, Beine, den ganzen Körper. Ich bin völlig entspannt. Wärme erfüllt meine Arme, pulsiert in den Fingern, zerfließt in den Unter- und Oberarmen. Die Arme strahlen Wärme aus (Pause).
Jetzt will ich, daß mein rechtes Bein warm wird... Das Bein warm wird... Warm wird... Warm... Jetzt wird das linke Bein warm... Wird warm... Warm... Angenehme Wärme hat meine Beine erfüllt... Wärme pulsiert in den Zehen, zerfließt im Fuß, in den Unterschenkeln, steigt zu den Oberschenkeln, zum Bauch hinauf...
Mein ganzer Körper ist mit Wärme erfüllt, strahlt Wärme aus...
(Pause).
Weiter erfolgen die Schritte 7 und 8 aus Übung 1.
Anmerkung: Vielleicht gelingt es Ihnen nicht, durch die Wärme Ihres Körpers Eis schmelzen zu lassen, wie es die Tibeter Jogis machen, jedoch versuchen Sie, solch ein Ergebnis zu erzielen, wenn Sie sich durch Selbstsuggestion in einem kalten Raum wirklich erwärmen können.
Im weiteren versuchen Sie, durch dieselben Methoden, eine zeitweilige Schmerzunempfindlichkeit zu erzielen, wenn Ihnen wirklich etwas weh tut.

Übung 5

62

In dieser Übung wird die heilsame Wirkung der „Vollatmung“ der Jogis in Verbindung mit Selbstsuggestion ausgenutzt.
Die ersten fünf Schritte der Übung 1.

6. Angenehme Schwere und Wärme haben meine Arme erfüllt... Die Beine erfüllt... Wärme pulsiert in den Fingern und Zehen... erfüllt den Bauch, die Brust, den ganzen Körper...
Ich horche auf meinen Atem... Ich bin nur auf den Atem konzentriert... Mein „Ich" ist mit meinem Atem verschmolzen... Ich atme tief und gleichmäßig... Belebende Energie fließt durch den ganzen Körper... Ich bin ganz Atem... Froher, heilsamer Atem... Ich atme Ruhe, Kraft, Gesundheit ein... Ich atme meine Müdigkeit und Spannung aus, ich werde den Streß los... So werde ich immer atmen – leicht, tief, mit Vergnügen... Freude, Gesundheit und Kraft gelangen mit meinem Atem ins Tanden[1]. Von diesem Mittelfell aus kann ich die belebende Energie Qi an jeden beliebigen Körperteil richten. So wird es immer sein:
Ich werde die Energie meines Organismus steuern. Ich kann Wärme und Kälte in jeden beliebigen Körperteil absenden, den Muskeln Kraft, der Haut Elastizität, den Gelenken Schmiegsamkeit verleihen. Ich bin Herr über meinen Körper.

Übung 6

63

Die Übung dient zur Vorbeugung und Therapie akuter und chronischer Atemwegserkrankungen.
Die ersten fünf Schritte der Übung 1.
6. Angenehme Schwere und Wärme haben meine Arme erfüllt... Die Beine erfüllt... Wärme pulsiert in den Fingern und Zehen... Erfüllt den Bauch, die Brust, den ganzen Körper...
Jetzt beginne ich, Kühle einzuatmen... Kühler Wind mit Jasmingeruch läßt die Nase und die Augen abkühlen... Ich atme die Luft durch einen Schneefilter ein... Kühle überkommt die Nase, Die Augen, die Stirn... Meine Stirn ist angenehm kühl... Die Stirn ist angenehm kühl... Angenehm kühl... Kühl... (Pause)
Weiter kommen Schritte 7 und 8 – Ende der Relaxation.

Übung 7

64

Die Übung dient zur Befreiung von Schlaflosigkeit und zur Normalisierung des Schlafs.
Die ersten fünf Schritte der Übung 1.
6. Ich bin ruhig. Nichts stört mich. Ich vermische mich mit Dunkel und Ruhe. Da kommt Schlummer... Verhüllt mich weich... Drängt alle Gedanken hinaus... Ich schlafe ein... Schlafe fröhlich ein. Morgen wird ein guter Tag sein... Ich werde gesund, munter, aktiv sein... Ich werde neues Glück haben... Neue Erfolge bei der Arbeit... Und jetzt versinke ich in Schlaf... Schlafen... Schlafen, schlafen, schlafen...

Übung 8

65

Die Übung dient zur Mobilisierung des Organismus und zur Erhöhung der Leistungsfähigkeit.
Die ersten fünf Schritte der Übung 1.
6. Frischer Wind umweht meine Stirn. Angenehme Kühle zerfließt im Gesicht... Mit jedem Atemzug atme ich einen Schuß Energie ein... Kühle erfrischt den Kopf, läßt die Zunge, den Gaumen, die Augen abkühlen... Der Körper gibt Wärme ab... Wärme nimmt ab... Ein Wind zerfließt durch die Schultern und den Rücken wie

1 Tanden = Mittelfell unterhalb des Nabels

eine kühle erfrischende Dusche... Die Muskeln werden elastisch, füllen sich mit Kraft und Munterkeit...
Meine Nerven sind stark geworden, mein Körper hat sich ausgeruht... Die Energie Qi zirkuliert durch alle zwölf Meridiane, erfüllt meine inneren Organe... Ich bin gesund und munter. Ich bin Herr über meinen Körper.
7. Mein Körper und mein Geist sind bereit zu Arbeit... Ich bin meiner selbst sicher... Es gibt keine Probleme, die ich nicht zu lösen vermag.
8. Da wird mein Atem tiefer, energischer. Der Muskeltonus erhöht sich, die Energie pulsiert in jeder Zelle... Ich balle die Fäuste, öffne die Augen... Ich kehre zur Arbeit zurück.

Wenn Sie einmal den Text aufs Band aufgenommen haben, können Sie ihn so lange nutzen, bis sich der Suggestionstext im Gedächtnis einprägt und innerlich automatisch wiedergegeben wird. Selbstverständlich kann man je nach der Situation den Text verändern, um das autogene Training zum Streßabbau, zur Stimulierung der Arbeitsaktivität oder zur Bekämpfung einer Krankheit nutzt. Bei fester Verankerung der zu suggerierenden Vorstellungen kann die Zeit der Sitzungen auf ein Minimum verringert werden.

„Suggerierte" Muskulatur

Gesichtsausdruck, Haltung, Bewegungen und sogar die Körpermuskulatur können durch eine leichte und sichere Methode verbessert werden, die ihren Ursprung im östlichen autogenen Training hat. Es handelt sich hier um eine Art pantomimische Übungen, die sogenannten „langsamen" Übungen. Solche Übungen haben eher äußere Wirkung und üben keinen direkten Einfluß auf die Kraft oder auf die Gesundheit des Menschen aus. Es empfiehlt sich, diese Übungen nur als Ergänzung zu den gymnastischen Hauptkomplexen dann auszuüben, wenn Sie wegen einer Krankheit nicht in der Lage sind, dynamische Kempo-Übungen auszuführen.
Als eine Abart der aktiven Meditation sind „langsame" Übungen ausschließlich auf der Selbstsuggestion aufgebaut und dazu geeignet, psychische Ressourcen zu mobilisieren. Als einziges Hilfsmittel für diese Übungen dient ein großer Spiegel, nach Möglichkeit in Lebensgröße. Man muß den Komplex in gut gelüftetem Raum, entweder nur in Sporthosen oder mit freiem Oberkörper durchführen, um den eigenen Körper ständig vor Augen zu haben und die Muskelarbeit in all ihrer Mannigfaltigkeit beobachten zu können.
Vor jedem Üben muß man einige Zeit vor dem Spiegel verbringen und dabei seine eigene Gestalt aufmerksam betrachten, sich in sie „einleben" und gleichzeitig „von der Seite" kritisch einschätzen: unerwünschte Fettfalten, Runzeln, schlechte Haltung und andere Mängel feststellen. Dann das Gesicht etwas massieren, stimulierende Atmung ausführen, sich dehnen und recken, die Schultern ausbreiten und die Ausgangsstellung einnehmen – Beine leicht gespreizt, Arme locker herabhängend.
Nachdem Sie in Ihrer Phantasie Gestalten von athletisch gebauten Helden der Karate-Filme oder von populären Sportlern hervorgerufen haben, setzen Sie sich mit einem Helden gleich, der all seine Kräfte der ständigen physischen Selbstvervollkommnung widmet. Versuchen Sie zu spüren, wie sich Ihre Muskeln mit Kraft füllen, Adrenalin ins Blut einschießt und die Energie Qi sich wellenartig vom Mittelfell Tanden aus im unteren

Bauchteil ausbreitet. Danach beginnen Sie mit dem Üben, indem Sie alle Bewegungen in höchst langsamem Tempo ausführen. Versuchen Sie, die Muskelgruppen nacheinander zu spannen, die bei der dynamischen Ausführung derselben Bewegungen schnell und spontan kontrahieren.

66

Hieb mit dem Schwert
Stellen Sie sich vor, daß Sie ein langes Schwert mit beiden Händen halten, mit dem Sie Ihren Gegner von der Schulter bis zur Gürtellinie spalten müssen. Das Schwert über den Kopf heben und es geradlinig vor der Brust senken. Diese Übung wiederholen, dabei eine halbe Drehung nach rechts ausführen und einen schneidenden Schlag setzen; dann dasselbe auf der linken Seite ausführen.

Speerstoß
Stellen Sie sich vor, daß Sie einen schweren Speer in Ihren Händen halten, mit dem Sie einem Gegner im Ausfallschritt einen Schlag versetzen müssen. Den Speer am rechten Oberschenkel halten, mit dem rechten Bein einen Schritt nach hinten tun und den Ausfall mit einem Schritt nach vorn beginnen, indem Sie innerlich den Speer ins Ziel stoßen; dieselbe Übung zur anderen Seite wiederholen.

Faustschlag
Stellen Sie sich vor, daß Sie aus der Ausgangsstellung einen Faustschlag mit der rechten Hand zu Kopf, Brust oder Bauch des Gegners führen. Dabei geht der rechte Arm geradlinig von der Hüfte aus nach vorn, und der linke Arm bewegt sich rückwärts zur Hüfte. Der Rumpf und die Schultern werden nicht bewegt; die Übung zur anderen Seite wiederholen.
Diese Übung kann variiert werden, indem die bekannten Kempo-Schläge und -Blöcke sowie Boxschläge ausgeführt werden.

Speerwurf
Stellen Sie sich vor, daß Sie in Ihrer rechten Hand einen kurzen Speer oder Wurfspieß halten. Mit dem rechten Bein einen Schritt nach hinten ausführen und den Wurf imitieren, indem alle Wurfphasen möglichst natürlich ausgeführt werden; dieselbe Übung zur anderen Seite wiederholen.

Bogenschießen
Stellen Sie sich vor, daß Sie einen großen Bogen spannen, sorgfältig zielen und schießen. Dabei vergessen Sie nicht, sich dem Ziel halb zuzuwenden und den Rücken aufzurichten; dieselbe Übung auf der anderen Seite wiederholen.

Kettenzerreißen
Stellen Sie sich vor, daß Ihre Arme mit Ketten gefesselt sind. Die Arme vor der Brust heben und versuchen, die Ketten zu zerreißen.

Steineheben
Stellen Sie sich vor, daß Sie einen großen Steinbrocken vom Boden anheben und in den Händen halten müssen. Den Körper etwas neigen und die Beine leicht anwinkeln. Den Körper langsam aufrichten und den Stein halten, dann auf den Boden „fallen lassen“. Die Übung wiederholen, dabei aber den Stein nach vorn „werfen“.

Alle „langsamen“ Übungen werden mit maximaler Konzentration ausgeführt. Dabei wird auf jedes Bewegungsdetail geachtet und die Flugbahn jeder Bewegung geprüft. Besondere Aufmerksamkeit wird auf die Muskelarbeit gerichtet, indem die Muskelanstrengung durch die Absendung der Energie **Qi** vom Mittelfell Tanden aus in die beabsichtigte Richtung gleichsam verstärkt wird. Die

Übungen sind sehr langsam auszuführen (durchschnittlich eine halbe Minute für jede). Dabei wird aber der natürliche Rhythmus eingehalten, und es werden keine Pausen für die Verbesserung der Stellung gemacht.
Die Selbstkontrolle soll ständig und unbewußt durchgeführt werden. Im Spiegel müssen Sie gleichsam Ihren Doppelgänger sehen, aus dem Sie durch die Willenskraft und Ihre ganze Einbildungskraft Ihre neue verbesserte Widerspiegelung modellieren wollen. Mut, Entschlossenheit und Kraft müssen in jeder Ihrer Bewegung erkennbar sein und an Ihrem Blick abgelesen werden können.
Nach jeder Übung die Reinigungsatmung ausführen. Anschließend die Ausgangsstellung einnehmen, die Augen schließen, die Hände vor der Brust wie zum Gebet zusammenlegen und versuchen, die ausgeführten Übungen innerlich zu reproduzieren, dabei an die günstige Wirkung denken, die sie auf Ihren Körper ausgeübt haben.
Bei täglicher Ausführung des Komplexes, sogar ohne andere Formen des psychophysischen Kempo-Trainings, spüren Sie, daß nach zwei bis drei Monaten Ihre Muskulatur kräftiger und plastischer, die Bewegungskoordination besser, die Haltung aufrechter wird und das Gesicht einen sicheren Ausdruck gewinnt. Nichtsdestoweniger haben all diese „wundertätigen“ Änderungen einen ziemlich oberflächlichen Charakter. Die richtige Selbstvervollkommnung erfordert regelmäßiges und intensives Üben nach anderen Programmen.

Selbstverteidigung

Das Gesetz der Kampfkunst lautet: Ich darf nicht als erster beginnen, ich muß warten. Ich darf keinen Zentimeter vorgehen und trete um einen Arschin zurück. Das bedeutet Handlung durch Nichthandlung, Schlag ohne Anstrengung.

Laozi

Grundsätze der Selbstverteidigung

Im modernen Leben ist niemand gegen unangenehme Überraschungen gesichert. Sie können auf einen Rowdy, Hooligan, einen aggressiven Gast in einer Bar, Räuber oder Terroristen stoßen. Was tun, wenn Sie angegriffen werden? Die uralte Weisheit lautet: Die Pflicht eines Mannes besteht darin, seinen Mann stehen zu können. Die Kempo-Meister empfehlen folgendes:

- Wenn die Möglichkeit besteht, den Zusammenstoß zu meiden und die Sache friedlich zu erledigen, nutzen Sie sie.
- Immer Kaltblütigkeit bewahren: vor nichts Angst haben, aber auch mit dem Kopf nicht durch die Wand rennen.
- Nicht als erster angreifen, dem Gegner aber auch nicht erlauben, Sie zu überraschen.
- Dem möglichen Gegner nie zu verstehen geben, daß Sie eine Technik beherrschen.
- Im Kampf schnell und entschlossen handeln, ohne zögern. Erst nachher analysieren.
- Keine Pausen machen: Ihre Handlungen müssen ununterbrochen und stürmisch sein, wie ein Wildbach.
- Kräfte sparen und Atem kontrollieren.
- Durch Nachgiebigkeit siegen: Fehlgriffe und Kraft des Gegners gegen ihn selber nutzen.
- Ablenkende Manöver, erschütternde Ausrufe und Finten verwenden.
- Je nach der Situation im Kampf Besonderheiten der Gegend und der Inneneinrichtung, Gegenstände, Sand und Staub zum Blenden des Gegners benutzen.
- Nach erfolgreicher Ausführung eines Griffes den Gegner nicht fliehen lassen: ihn niederschlagen oder durch eine schmerzhafte Faßart festhalten.
- Wenn Ihr Gegner physisch stärker ist als Sie, halten Sie Distanz, weniger Griffe und mehr Schlagtechnik anwenden.
- Keine Angst vor dem Zurückweichen haben, den Gegner verlocken und ablenken.
- Wenn der Gegner bewaffnet ist und Sie nicht, gehen Sie kein Risiko ein.
- Wenn es mehrere Gegner sind, versuchen Sie, mit diesen einzeln fertig zu werden, indem Sie Manöver ausführen und sich nicht fassen lassen.

Das Erlernen der Selbstverteidigungstechniken erfordert kontinuierliches systematisches Üben und eine gute allgemeine körperliche Ausbildung. Wenn Sie aber den großen Komplex der Kempo-

Gymnastik erlernt und die Fähigkeit erworben haben, Ihren eigenen Körper als eine belebte Waffe zu betrachten, können Sie ohne weiteres mit dem Üben der Griffe sogar ohne erfahrenen Trainer beginnen, indem Sie das vorliegende Buch als Lehrbuch zum Selbstunterricht benutzen. Selbstverständlich brauchen Sie jedenfalls einen Partner.

Man kann Griffe sowohl in einer Sporthalle als auch zu Hause und im Freien einüben. Auf Ihrem Übungsplatz sollen keine unnötigen Gegenstände vorhanden sein, an denen Sie sich verletzen können. Der Boden sollte insbesondere am Anfang nicht allzu hart (Bastmatten oder harte Matten), aber auch nicht zu weich sein. Im Freien eignen sich ein Sandstrand oder eine Wiese.

Vor dem Training vergessen Sie nicht, die stimulierende Atmung und den kleinen gymnastischen Kempo-Komplex oder Kata durchzuführen. Im Laufe des Trainings Atmungspausen periodisch einfügen. Abschließend Atemübungen ausführen und duschen.

Beim Einüben der Griffe beidseitig trainieren. Jeden Griff stufenweise aneignen, indem die Geschwindigkeit erhöht und auf dieser Stufe einige dutzendmal wiederholt wird, bis der Griff automatisch ausgeführt wird.

Die Auswahl der Übungen erfolgte nach drei Kriterien:

- einfach
- von jedem selbst erlernbar
- sehr wirksam

Nach dem Erlernen dieser Griffe werde Sie in jeder Situation Ihr Selbstvertrauen und die Geistesgegenwart bewahren.

Die natürlichen Waffen

(Schule Seibu Tenshin-ryu)

1. Faust in vertikaler Haltung – vordere Stoßoberfläche (Fingergrundglieder) sowie Faustbasis (beim anstoßenden oder hackenden Schlag).
2. Handbasis (beim anstoßenden Schlag).
3. Das zweite Glied des vorgerückten Mittelfingers (beim anstoßenden Schlag).
4. Handrücken und Finger mit nach innen gelegtem Daumen (beim peitschenden Schlag).
5. Die zweiten Glieder der geballten Finger (beim anstoßenden Schlag).
6. Äußere Handkante (bei hackenden Schlägen). Die Finger können beim Schlag auch zusammengelegt werden.
7. Ellbogen (bei anstoßenden und hackenden Schlägen).
8. „Fußballen" (bei anstoßenden und peitschenden Schlägen).
9. Ferse (bei anstoßenden, hackenden und peitschenden Schlägen).
10. Äußere Fußkante (bei anstoßenden und hakkenden Schlägen).
11. Knie (bei anstoßenden Schlägen).
12. Stirn (bei anstoßenden Schlägen).

2

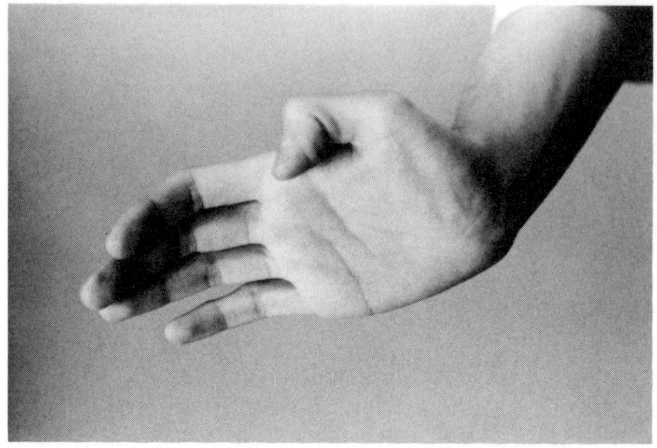

3

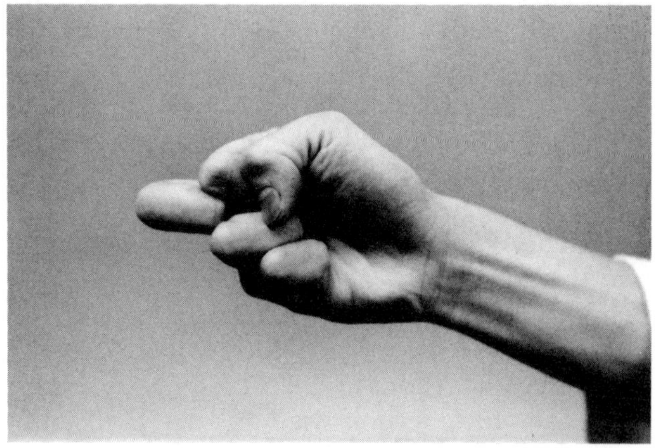

4

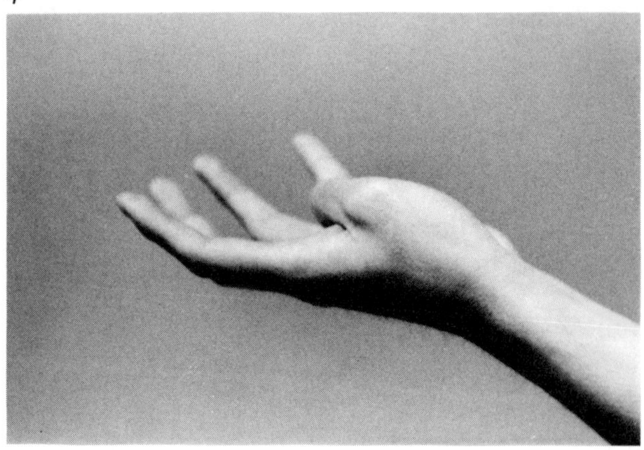

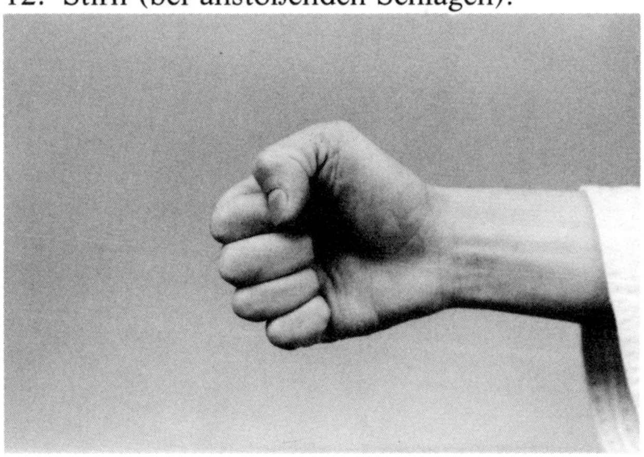

1

5

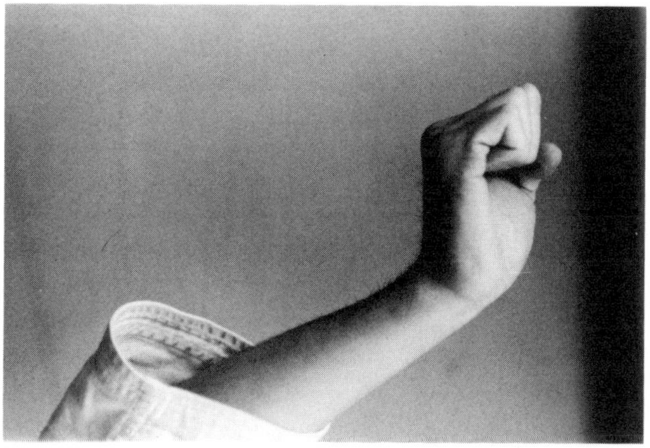

8

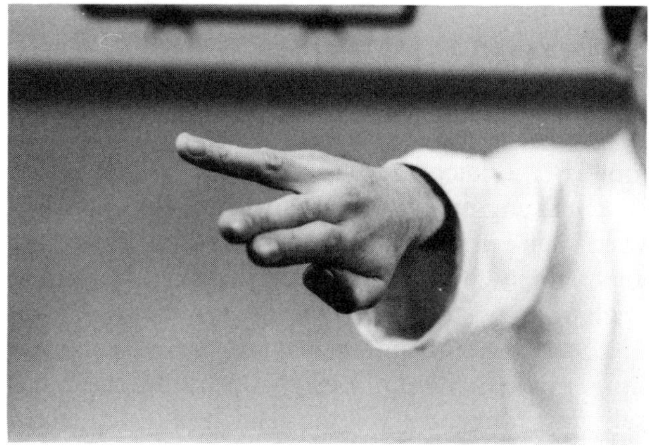

6

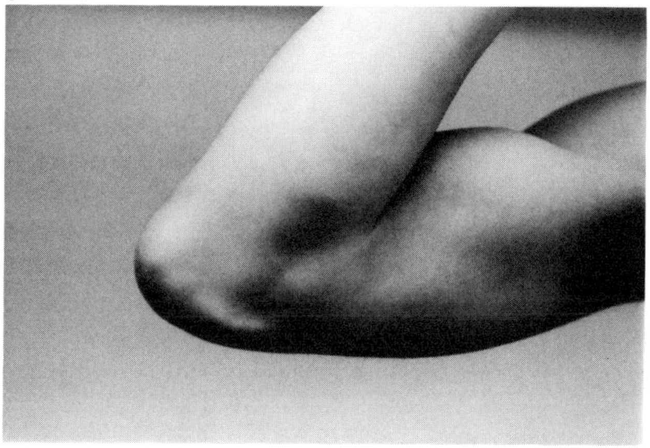

9

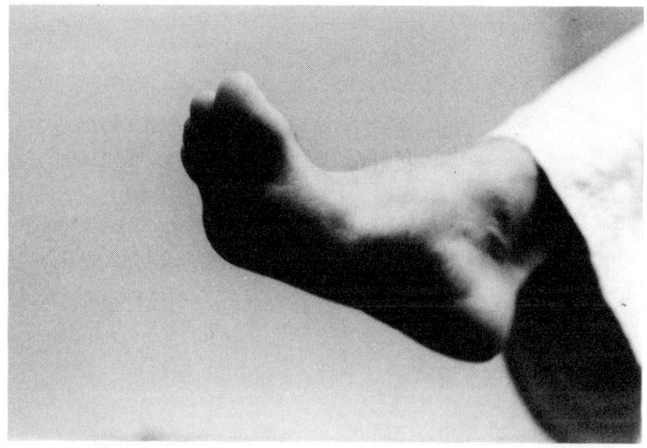

7

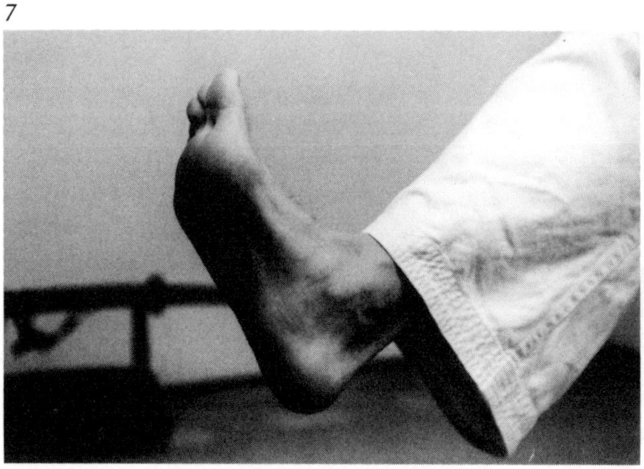

10

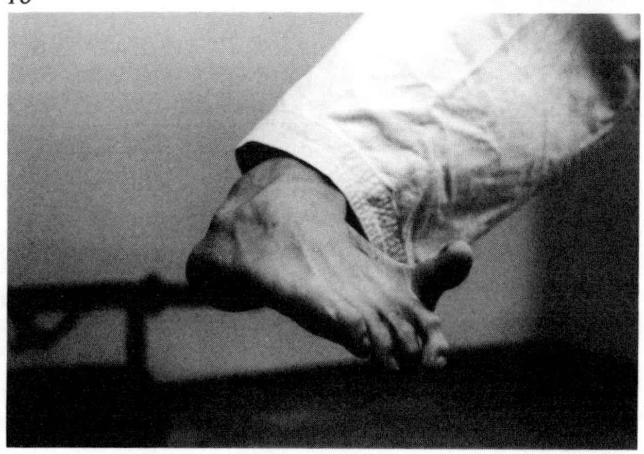

Grundstellungen

1. „Natürliche Ausgangsstellung". Frontale Stellung, Beine leicht gespreizt, Arme gesenkt.
2. „Stellung mit vorderem Stütz". Ein Bein nach vorn, der Fuß leicht nach innen gewandt, Beine leicht angewinkelt. Das Körpergewicht auf den nach vorn gestellten Fuß verlagern.
3. „Stellung mit hinterem Stütz". Aus der Stellung mit „vorderem Stütz" leicht nach hinten schwingen und das Körpergewicht auf den anderen Fuß verlagern.
4. „Stellung des Sumo-Kämpfers". Beine weit gespreizt und leicht angewinkelt, Füße nach außen gewandt, Wirbelsäule aufgerichtet.
5. „Seitenstellung". Beine leicht gespreizt, eine Schulter zum Gegner gewandt.
6. „Einkniestand". Das auf dem Boden kniende Bein stützt sich auf die Zehen. Der andere Fuß leicht nach außen gewandt.

1

2

3

4

5

6

Energetisches Kata

(energetischer Komplex der Atemübungen – Schule Seibu Tenshin-ryu)

Die hauptsächliche Ausbildungsmethode bestand in allen Kemposchulen über die Jahrhunderte in Komplexen formaler Übungen – Kata (chin. Tao). Kata stellt die systematisch angeordneten Reihen der Verteidigungs- und Angriffstechniken dar, die in der vorgegebenen Reihenfolge ausgeführt werden. Kata umfaßt verschiedene Basistechniken (Schläge, Blöcke, Fußstiche, Würfe usw.), die in einer getarnten Variante wiedergegeben werden (Schattenkampf). Alle Kata stützen sich auf unveränderliche Prinzipien: Wechselspiel von Yin und Yang (Sanftheit und Härte, Entspannung und Spannung, Verlangsamung und Beschleunigung), klare Empfindung von Distanz, Rhythmus und Zeit, richtige Atmung und bewußte Steuerung der Energie Qi. Einige Kata sind mehr auf einen realen Kampf orientiert, andere stellen gleichsam ein erweitertes Ausbildungsmittel dar. In jeder Schule gibt es jedoch in der Regel ein geheimes Kata, das eine aktive Mobilisierung energetischer Ressourcen des Organismus bei der Vorbereitung auf den Kampf oder auf intensives Training ermöglicht.

Bei einem solchen energetischen Kata spielen technische Elemente eine Nebenrolle. Man muß die ganze Aufmerksamkeit auf die Atmung konzentrieren, indem man sich innerlich vorstellt, wie die Energie Qi aus dem Mittelfell Tanden (unterhalb des Nabels) ausfließt und auf „Befehl" zu den Armen oder den Beinen strömt. Der Energiestrom hängt von der Exaktheit der Ausführung der Übungen, der Tiefe und der Intensität der Atmung ab.

Nach dem Erlernen der Bewegungen erarbeiten Sie sich einen gleichmäßigen und dynamischen Rhythmus der Ausführung und bringen diesen mit der Atmung in Übereinstimmung. Immer durch die Nase einatmen, durch den Mund ausatmen. Achten Sie darauf, daß die Atmung nicht aus dem Rhythmus gerät und bei der Ausführung der Kata nicht „verlorengeht".

Man kann das energetische Kata mit den Übungen des kleinen oder des großen gymnastischen Kempo-Komplexes oder dem Erlernen der Selbstverteidigung verbinden. Es ist von Vorteil, das energetische Kata auch unabhängig von der Gymnastik auszuführen, z. B. vor dem Lauf am Morgen oder während eines Spazierganges.

Der größte Effekt wird erreicht („Sättigung des Organismus mit der Energie des Weltalls"), wenn Kata bei Sonnenaufgang oder Sonnenuntergang in der freien Natur ausgeführt wird (im Garten oder im Park, am Meeresufer, am Fluß, im Gebirge). Wenn Sie zu Hause oder in einer Sporthalle üben, vergessen Sie nicht, den Raum gut zu lüften.

67

1. Die Ausgangsstellung einnehmen: Füße zusammen, Arme herabhängend (Bild K-1).
2. Unterarme anheben, den Handrücken der rechten Hand auf die linke Hand legen – EINATMEN.
3. Arme senken – AUSATMEN.
4. Mit einem Schritt seitwärts Beine spreizen, Arme seitwärts auseinanderziehen und anwinkeln, Hände entspannt – EINATMEN.
5. Arme seitwärts wie Flügel ausstrecken – AUSATMEN.
6. Arme senken, die rechte Hand auf den linken Handrücken legen – EINATMEN.
7. Arme vor das Gesicht heben, dabei mit den Fingern der rechten Hand die äußere Seite der Finger der linken Hand umfassen – AUSATMEN.

8. Mit einem Schritt des linken Fußes rückwärts und sich linksherum drehen, angewinkelte Arme vor der Brust – EINATMEN.
9. Mit der linken Hand einen geraden Stoß vorwärts ausführen; die rechte Faust dabei an die Achselhöhle heranziehen – AUSATMEN.
10. Den rechten Fuß nach links und nach innen auf eine Linie mit dem rechten Fuß schieben und eine halbe Drehung rund um die rechte Schulter herum machen; die linke Hand vor die Brust, die rechte Faust an den Oberschenkel ziehen – EINATMEN.
11. Mit der rechten Hand einen geraden Stoß ausführen; die linke Faust zurückziehen, dabei drehen – AUSATMEN.
12. Mit einem Schritt des linken Fußes rückwärts und nach links die Beine weit spreizen; Fäuste vor der Brust – EINATMEN.
13. Arme mit geballten Fäusten vor der Brust mit heftiger Bewegung nach oben führen – AUSATMEN – EINATMEN.
14. Mit der Handkante des linken Armes einen hackenden Schlag seitwärts führen; die rechte Faust schnell an den Oberschenkel heranziehen; der Kopf nach links gewandt – AUSATMEN.
15. Den linken angewinkelten Arm an die Schulter ziehen, die Hand geöffnet und nach oben gewandt; der rechte Arm an der Hüfte – EINATMEN.
16. Die linke Hand mit heftiger Bewegung auf die Höhe des Sonnengeflechts ziehen, die Handkanten nach außen gewandt, dabei die rechte Faust an den Oberschenkel heranziehen – AUSATMEN – EINATMEN.
17. Mit der Handkante des rechten Armes einen hackenden Schlag seitwärts versetzen – AUSATMEN.
18. Den rechten Arm anwinkeln und an die Brust heranziehen – EINATMEN.
19. Die rechte Hand schnell auf die Höhe des Sonnengeflechts ziehen, die Handkante nach außen gewandt; die linke Faust heftig an den Oberschenkel heranziehen – AUSATMEN.
20. Die „Vogelstellung“ einnehmen: den linken Fuß an das rechte Knie ziehen, halbgewinkelte Arme seitwärts auseinanderziehen, Hände entspannt – EINATMEN.
21. Aus der Vogelstellung einen geraden Stoß mit der rechten Faust versetzen. Die linke Hand heftig an den Oberschenkel heranziehen – AUSATMEN–EINATMEN.
22. Den gleichen Schlag mit der linken Hand versetzen; die rechte Hand an den Oberschenkel heranziehen – AUSATMEN.
23. Unterarme mit geballten Fäusten vor der Brust kreuzen – EINATMEN.
24. Arme senken und seitwärts heftig auseinanderziehen – AUSATMEN.
25. Angewinkelte Arme mit geballten Fäusten an die Hüften heranziehen – EINATMEN.
26. Mit dem rechten Arm (Hand geöffnet) einen blockenden Schlag in Gesichtshöhe rechts vor versetzen; die linke Hand deckt das Sonnengeflecht – AUSATMEN.
27. In die Ausgangsstellung zurückkehren: beide Arme an die Hüften heranziehen – EINATMEN.
28. Mit der linken geöffneten Hand einen blokkenden Schlag vorwärts versetzen; gleichzeitig mit der rechten Faust einen Stoß vorwärts ausführen – AUSATMEN.
29. Unterarme mit geballten Fäusten vor der Brust kreuzen – EINATMEN.
30. Arme hochheben, Handflächen nach oben; der Handrücken der linken Hand liegt auf der rechten Hand – AUSATMEN – EINATMEN.
31. Arme heftig nach unten senken. Die Handhaltung bleibt erhalten – AUSATMEN.
32. Füße zusammen, den Körper aufrichten. Hände auf der Höhe des Sonnengeflechts aufeinanderlegen, Handflächen nach oben – EINAT-

MEN.
33. Arme hochheben, Handflächen nach oben gewandt – AUSATMEN – EINATMEN.
34. Geschlossene Arme heftig nach unten senken – AUSATMEN.
35. Füße zusammen, Hände auf der Höhe des Sonnengeflechts, Handflächen nach oben – EINATMEN.
36. Arme senken – AUSATMEN

1

5

2

3

4

6

7

8

9

10

11

15

16

17

12

13

14

18

19

20

21

22

23

27

28

29

24

25

26

30

31

32

33

34

35

36

Verteidigungstechniken

Fassen/Festhalten

Fassen des ungleichnamigen Armes am Handgelenk vorn

68

1. Der Gegner hält mit der rechten Hand Ihr linkes Handgelenk fest.
2. Mit dem rechten Fuß einen kleinen Schritt nach hinten machen und sich aus den Oberschenkeln heraus leicht drehen, die Hand mit hartem Ruck in der Richtung „gegen den Daumen" des Gegners ausreißen.
3. Den Nachlauf des Gegners ausnutzend, ihn mit Gegenangriff treffen.
4. Mit der äußeren Faustseite einen schwingenden Schlag zwischen die Augenbrauen versetzen.

1

2

3

4

Fassen beider Arme von vorn

69

1. Der Gegner hält Ihre Arme fest.
2. Mit dem linken Fuß einen Schritt nach hinten machen, die Arme bis zur Gürtellinie heben, dabei die Handflächen nach oben wenden.
3. Mit einem Ruck nach hinten und seitwärts, die Handflächen nach unten wendend, die Arme befreien.
4. Mit beiden Fäusten (oder die Faust mit der Handfläche der anderen Hand bedecken und „den Kopf einer Riesenschlange“ formen) dem Gegner einen Magenschlag versetzen.
5. In weiterer Bewegung einen Schlag zum Kinn oder in die Halsgegend versetzen.

1

2

3

4

5

Fassen des ungleichnamigen Armes am Handgelenk vorn

70

1. Der Gegner hält mit der rechten Hand Ihr linkes Handgelenk fest.
2. Mit einem Schritt des linken Beines nach hinten den linken Arm zur Brust heben und gleichzeitig mit der Hand das Handgelenk des Gegners umfassen.
3. Die rechte Hand auf den Handrücken des Gegners legen und nach innen biegen; die linke Hand fixiert das Handgelenk.
4. Mit der rechten Hand heftig die Hand des Gegners mit den Fingern nach oben wenden und am Handgelenk biegen; der Gegner fällt auf die Knie.
5. Mit einem Knieschlag ins Gesicht des Gegners abschließen.

1

2

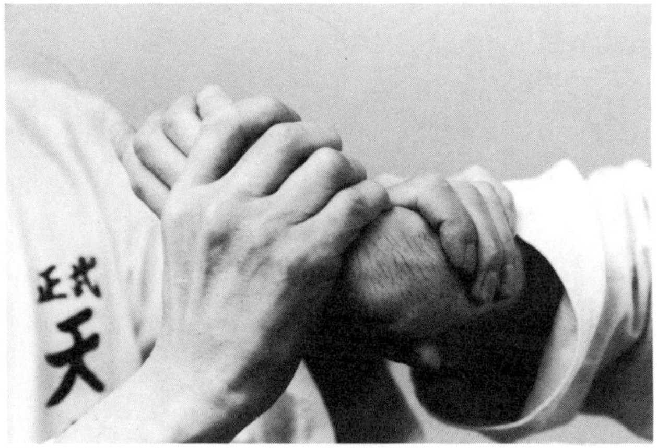

3

4

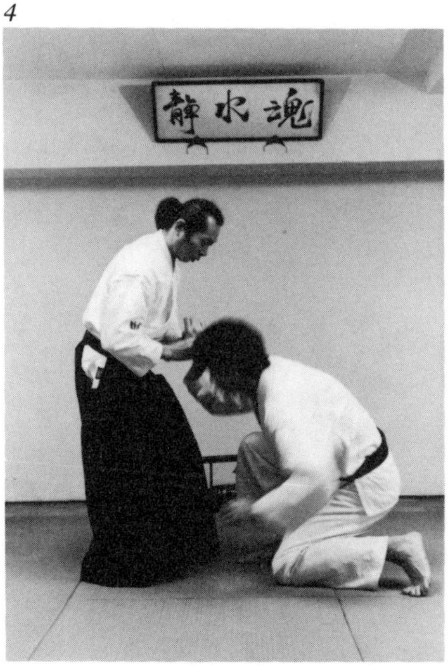

5

Fassen des gleichnamigen Armes am Handgelenk von vorn

71

1. Der Gegner hält mit der rechten Hand Ihr rechtes Handgelenk fest.
2. Den rechten Arm mit kreisender Bewegung nach oben schwingen.
3. Mit der Hand das Handgelenk des Gegners fassen und einen Schritt nach links ausführen; mit dem linken rm heftig den rechten Arm des Gegners drücken, dabei das eigene Handgelenk befreien.
4. Den rechten Unterarm über dem Handgelenk mit der linken Hand festhalten.
5. Mit der linken Hand das Handgelenk des Gegners festhaltend und mit der rechten Hand seinen Ellbogen fassend mit einem Schritt des rechten Fußes den Gegner rechts umgehen.
6. Mit Drehung auf dem Rechten Fuß einen schnellen Schritt hinter den Rücken des Gegners machen und seinen Arm in der Ellenbeuge biegen; die rechte Hand hebt dabei seinen Ellenbogen an, und die linke Hand hält seine Hand fest.

1

2

3

4

5

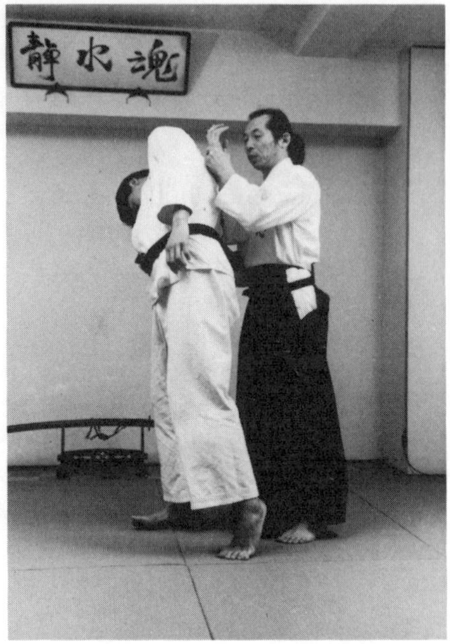

6

Fassen des ungleichnamigen Armes am Handgelenk von vorn

72

1. Der Gegner hält mit der linken Hand Ihr rechtes Handgelenk fest.
2. Mit dem linken Fuß über Kreuz vor den rechten treten, gleichzeitig den gefaßten rechten Arm nach rechts schwingen.
3. Auf dem linken Fuß drehend mit dem rechten Fuß einen Schritt hinter den Rücken des Gegners machen. Gleichzeitig mit einem harten Ruck den gefaßten rechten Arm auf Brusthöhe des Gegners heben.
4. Dem Gegner das rechte Bein stellen und mit dem rechten Arm kräftig stoßen und nach hinten werfen.
5. Mit einem Fersenschlag von oben den Gegner niederschlagen.

1 *2* *3*

4 *5*

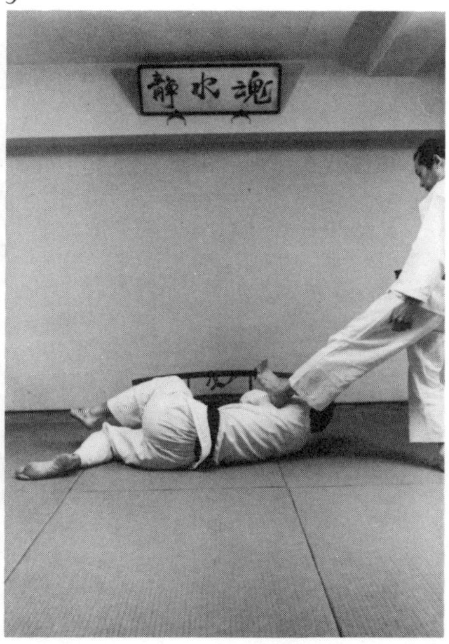

Fassen des ungleichnamigen Armes am Handgelenk von vorn

73

1. Der Gegner hält mit der rechten Hand Ihr linkes Handgelenk fest.
2. Die rechte Hand auf die Hand des Gegners legen.
3. Mit einem Schritt des rechten Fußes nach hinten den linken Arm zusammen mit dem Arm des Gegners vor den Bauch ziehen, indem der Gegner seitwärts gedreht wird; mit der rechten Hand die Hand des Gegners haltend, mit dem linken Arm auf den linken Arm des Gegners heftig in die Ellbeuge drücken.
4. Mit der linken Hand die Ellbeuge des rechten Armes des Gegners umfassen, und mit der rechten Hand sein Handgelenk ausdrehen; dabei wird der Gegner auf die Knie gezwungen und in dieser Stellung durch die schmerzhafte Faßart festgehalten.
5. Die Armhaltung bei schmerzhafter Faßart.

1

2

3

4

5

Fassen der beiden Arme von vorn

74

1. Der Gegner hält Ihre Arme fest.
2. Mit Drehung aus den Oberschenkeln heraus einen kleinen Schritt nach hinten machen und den Gegner nach links auf sich ziehen.
3. Die Hände zusammenschließen und sich mit hastigem Schwung der Oberschenkel nach rechts drehen, dabei mit dem rechten Fuß nach hinten treten; gleichzeitig mit Ruck nach rechts hinten die Arme befreien, indem man den Gegner dazu zwingt, sich zu derselben Seite zu beugen.
4. Den Körper aufrichtend, mit dem Handrücken dem Gegner einen kräftigen Schlag in die Nasengegend versetzen. Man kann für den Schlag beide Hände ausnutzen, die zusammen- oder aufeinandergelegt sind.

1

2

3

4

Fassen am Aufschlag der Jacke von vorn

75

1. Der Gegner faßt mit der rechten Hand den Aufschlag Ihrer Jacke.
2. Die rechte Hand auf die rechte Faust des Gegners legen.
3. Gleichzeitig mit der linken Hand das Handgelenk des Gegners fassen.
4. Mit einem Schritt des linken Fußes nach hinten den linken Unterarm unter den rechten Arm des Gegners in der Gegend der Ellbeuge ziehen; gleichzeitig seine Hand am Handgelenk stark biegen, indem die Hand mit den Fingern zur Brust ausgedehnt wird; mit heftigem Druck auf die Ellbeuge des Gegners diesen zu Fall bringen.
5. Durch eine schmerzhafte Faßart das Handgelenk und den Ellbogen des Gegners festhalten oder ihn mit einem Schlag mit dem Ellenbogen an den Kopf niederschlagen.
6. Die Armhaltung bei schmerzhafter Faßart.

1

2

3

4

5

6

Fassen am Aufschlag der Jacke von vorn

76

1. Der Gegner faßt mit der rechten Hand den rechten Aufschlag Ihrer Jacke.
2. Die rechte Hand auf die Faust des Gegners legen.
3. Mit der linken Hand den rechten Arm des Gegners nach oben „ausstrecken".
4. Mit dem rechten Fuß einen Schritt nach hinten machen und den Arm des Gegners vor die Brust schieben; gleichzeitig den linken Arm nach oben schwingen.
5. Mit dem Ellbogen auf die Ellbeuge des Gegners einen heftigen Stoß zum Bruch versetzen.

1

2

3

4

5

Fassen am Aufschlag der Jacke von vorn

77

1. Der Gegner faßt mit der rechten Hand Ihren rechten Jackenaufschlag.
2. Die rechte Hand auf die Faust des Gegners legen und gleichzeitig mit der linken Hand den rechten Ellbogen des Gegners nach oben werfen.
3. Mit einem Schritt des linken Fußes nach hinten den linken Unterarm über den linken Arm des Gegners werfen.
4. Mit der rechten Hand die rechte Hand des Gegners haltend, heftig auf die Ellbeuge zum Bruch drücken und den Gegner zum Sturz vorwärts zwingen, in dieser Stellung durch eine schmerzhafte Faßart ihn festhalten oder mit dem rechten Bein ins Gesicht niederschlagen.

2

3

4

Fassen am Aufschlag der Jacke von vorn

78

1. Der Gegner faßt mit beiden Händen die Aufschläge Ihrer Jacke.
2. Mit der linken Hand den Gürtel des Gegners fassen und heftig auf sich ziehen.
3. Mit der rechten Hand (Fingerspitzen, zweite Fingerglieder oder durch Gabel zwischen Daumen und Zeigefinger) dem Gegner einen Stoß zum Hals versetzen.
4. Gleichzeitig den rechten Fuß hinter den rechten Fuß des Gegners stellen und auf den Rücken werfen.
5. Mit einem Beinschlag von oben den Gegner niederschlagen.

1

2

3

4
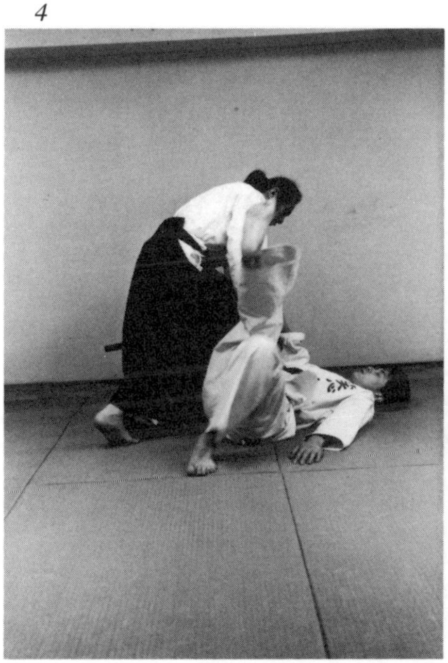

5

Fassen am Kragen von hinten

79

1. Der Gegner hält mit der rechten Hand Ihren Kragen von hinten fest.
2. Mit einer $^{3}/_{4}$ Drehung zu der fassenden Hand mit der rechten Handkante dem Gegner in den seitlichen Teil der Oberbauchgegend einen Schlag versetzen.
3. Mit den beiden Händen die geballte Faust des Gegners an Ihrer rechten Schulter umfassen.
4. Mit einem kleinen Schritt nach hinten die Hand des Gegners im Uhrzeigersinn mit der Handfläche nach oben ausdrehen, und sie gleichzeitig am Handgelenk biegen.
5. Die Handhaltung bei schmerzhafter Faßart.
6. Den Gegner zu Boden werfen, auf den Rücken wenden und mit der äußeren Faustseite ins Gesicht schlagen.

1

2

3

4

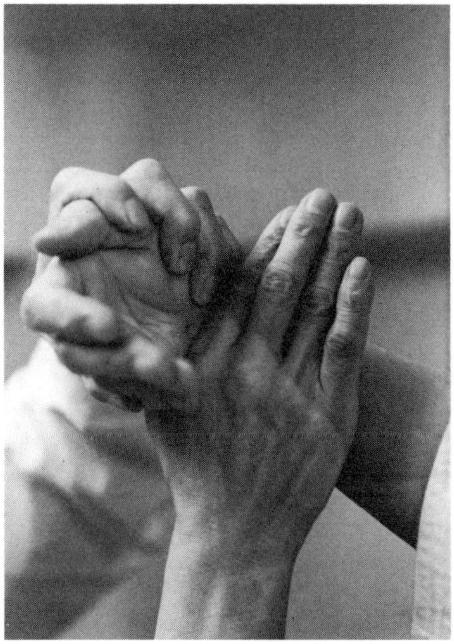

5

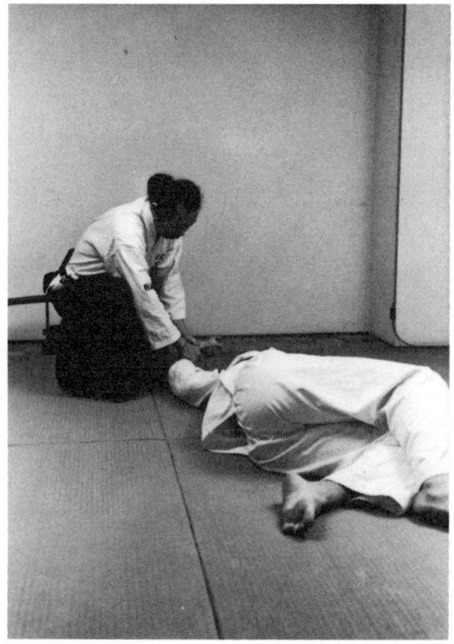

6

Fassen am Kragen und Ziehen des Arms hinter den Rücken

80

1. Der Gegner hat gegen Sie einen „Polizeigriff" ausgeführt: mit der linken Hand hält er den Kragen Ihrer Jacke fest und mit der rechten Hand Ihr Handgelenk, indem er Ihren rechten Arm hinter den Rücken gezogen hat.
2. Mit einem Schritt des linken Fußes nach hinten eine halbe Drehung mit dem Körper linksherum machen und dem Gegner mit der linken Handkante in den seitlichen Teil der Oberbauchgegend einen kräftigen Schlag versetzen.
3. In weiterer Bewegung mit derselben Hand (Fingerspitzen, zweite Fingergliedern oder Gabel zwischen Daumen und Zeigefinger) dem Gegner einen Schlag in den Hals versetzen.
4. Durch Stoß mit dem linken Fuß unter das rechte Bein den Gegner zum Sturz nach hinten zwingen; wenn der Gegner dabei Ihr Handgelenk noch faßt, in die Kniebeuge gehen, um selber nicht dem Gegner hinterherzufallen.
5. Den rechten Arm des Gegners mit einem Ruck nach oben reißen und ihn dazu zwingen, sich auf den Rücken zu wenden und sich zu öffnen.
6. Mit der linken Faust den Gegner ins Gesicht oder an die Schläfe schlagen.

1

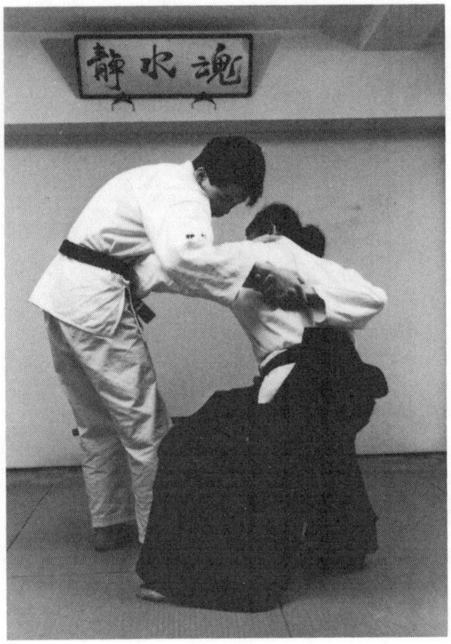

2

3

4

5

6

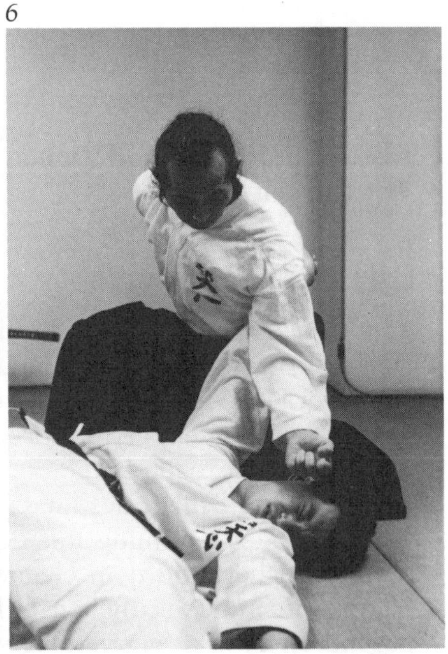

Fassen an beiden Armen von hinten

81

1. Der Gegner hält Ihre Handgelenke von hinten fest.
2. Mit schneller Drehung des Körpers linksherum den linken Arm anwinkeln.
3. In weiterer Drehung mit dem Ellbogen kräftig auf die Ellenbeuge des Gegners heftig drücken, ihn aus dem Gleichgewicht bringen und Ihren rechten Arm befreien.
4. Die Armhaltung bei dcr Ausführung des Drucks.
5. Gleichzeitig durch den linken Fußstoß unter das rechte Bein den Gegner zu Boden werfen und mit der linken Faust ins Gesicht oder an die Schläfe schlagen.

1

2

3

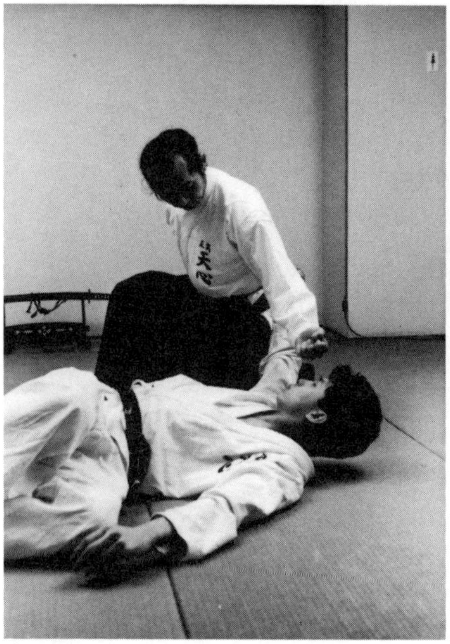

4

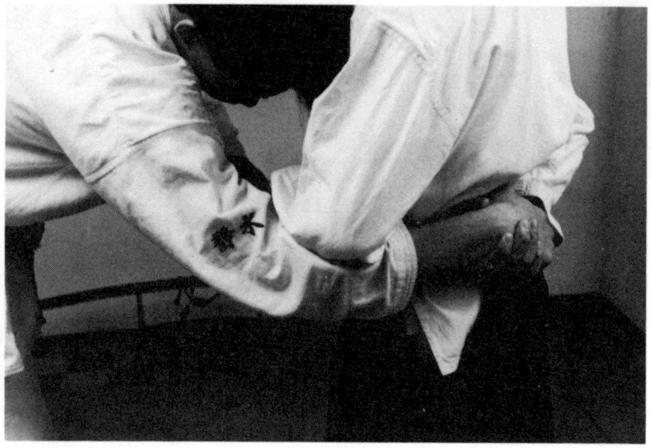

5

Fassen unter den Schultern von hinten

82

1. Der Gegner faßt Sie unter den Schultern und zwingt Sie zum Aufzehen.
2. Beide Arme schnell hochheben und den Griff lösen.
3. Die Arme schnell senken und die Unterarme des Gegners einklemmen.
4. Vorwärts schwankend den Gegner aus dem Gleichgewicht bringen und mit der linken Hand das Handgelenk fassen und den rechten Unterarm unter die Ellbeuge ziehen (schmerzhaft).
5. Den rechten Unterarm als Achse nutzend, den rechten Unterarm des Gegners rund um diese „Achse" herum zum Bruch in der Ellenbeuge heftig ausdrehen, dabei den Gegner zum Rückwärtsschwanken zwingen.
6. Den Gegner zu Boden werfen und ihn mit der rechten Faust ins Gesicht schlagen.

1

2

3

4

5

6

Schläge und Stöße

83

1. Angriff des Gegners mit Rechtsauslage;
2. Mit einem Schritt des linken Fußes will der Gegner Ihnen ins Gesicht schlagen.
3. Sich aus den Oberschenkeln heraus drehend mit heftiger Bewegung des rechten Unterarms nach links unten den Schlag blocken, dabei das Handgelenk des Gegners umfassen.
4. Mit der linken Hand die Hand des Gegners fassen und sie mit dem Handrücken zu sich wenden und kräftig auf das Handgelenk drücken.
5. Gleichzeitig mit der linken Fußspitze dem Gegner einen Schlag in den Bauch versetzen.
6. Den Gegner auf die Knie zwingen und durch schmerzhaftes Zusammenfassen festhalten oder mit einem Faustschlag in den Nacken niederschlagen.

1

2

3

4

5

6a

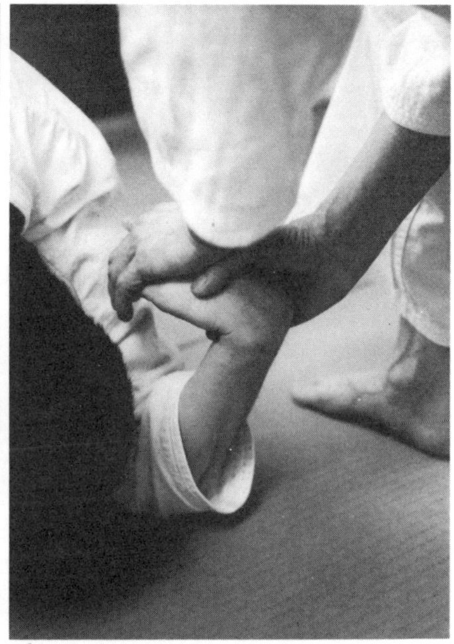

6b

84

1

1. Angriff des Gegners mit Linksauslage; Mit einem Schritt des rechten Fußes will Ihnen der Gegner ins Gesicht schlagen.
2. Mit einem Schritt des linken Fußes vorwärts den Arm des Gegners durch Greifen von unten mit beiden Händen blocken und seinen Schlag nach oben richten.
3. Mit dem rechten Fuß hinter den rechten Fuß des Gegners treten und ihm das Bein stellen, gleichzeitig mit der rechten Hand den Ellbogen von unten greifen und mit der linken Hand die rechte Hand umfassen und sich auf Schulter und Schlüsselbein stützen.
4. Mit einem Schritt vorwärts heftig auf den Arm drücken und zum Sturz nach hinten zwingen.
5. Den Gegner zu Boden werfen und einen Beinschlag in den Bauch versetzen.

2

3

4

5

85

1. Angriff des Gegners mit Rechtsauslage; mit einem Schritt des linken Fußes vorwärts will der Gegner Ihnen mit der linken Hand ins Gesicht schlagen; mit dem rechten Fuß einen Schritt nach links ausführen und den Gegner an der rechten Seite vorbeilassen; Gegenschlag mit der rechten Hand ins Sonnengeflecht versetzen.
2. Mit einem Schritt des linken Fußes, vorwärts eine halbe Drehung auf dem rechten Fuß, und mit dem linken Fuß hinter den Rücken des Gegners treten, den linken Arm quer auf die Schulter legen, mit dem rechten Arm den rechten Arm blokken.
3. Das linke Bein stellen und ihn durch den Druck des linken Armes und den Stoß der rechten Hand unter die Rippen zum Sturz zwingen.
4. Beim Sturz des Gegners auf ein Knie senken und ihm einen Schlag an den Kopf versetzen.

1

2

3

4

86

1. Angriff des Gegners mit Rechtsauslage; der Gegner versucht, Sie mit der linken Faust ins Gesicht zu schlagen; in leichte Kniebeuge gehen, mit dem linken Unterarm den Schlag nach oben richten.
2. Den Arm des Gegners am Handgelenk umfassend, gleichzeitig mit der linken Fußspitze einen Tritt in die Leiste versetzen.
3. Mit der linken Hand das linke Handgelenk halten und mit einem Schritt des linken Fußes rückwärts gehen, dabei mit der rechten Hand kräftig auf die Ellbeuge drücken.
4. Den Gegner kopfwärts zu Boden werfen.
5. Mit der linken Hand den Arm des Gegners am Handgelenk und mit der rechten Hand in der Ellbeuge festhalten.

1

2

3

4

5

87

1. Angriff des Gegners mit Linksauslage; mit einem Schritt des rechten Fußes vorwärts versucht er, Ihnen mit der rechten Hand einen Schlag ins Gesicht zu versetzen: Mit der „Katzenstellung“ (Stütz auf dem rechten, leicht angewinkelten Bein, das linke, vorgestellte Bein berührt den Fußboden nur mit der Fußspitze) und einen blockenden Gegenschlag mit dem linken Arm parieren Sie vorwärts und nach oben.
2. In weiterer Bewegung mit der linken Hand (Faust oder mittlere Fingerglieder) dem Gegner einen Gegenschlag ins Gesicht versetzen.

1

2

88

1. Angriff des Gegners mit Linksauslage; mit einem Schritt des rechten Fußes vorwärts versucht er, Ihnen mit der rechten Hand einen Schlag ins Gesicht zu versetzen; ohne die Stellung zu wechseln, den Schlag durch gleitende Bewegung des leicht angewinkelten linken Unterarmes von innen nach außen und nach oben blocken.
2. Mit senkrecht gestellter linker Faust wird dem Gegner ein Gegenschlag ins Gesicht versetzt.

1 *2*

---

1 *2*

89

1. Angriff des Gegners mit Linksauslage; mit einem Schritt des rechten Fußes vorwärts versucht er, Ihnen mit der rechten Faust ins Gesicht zu schlagen; mit einem Schritt nach links und einer Drehung aus den Oberschenkeln heraus aus der Angriffslinie gehen und den Gegner vorbeilassen.
2. Aus der Stellung des „Sumo-Ringkämpfers“ mit halbtiefen Kniebeugen dem Gegner mit dem Ellbogen des linken Armes einen Gegenschlag unter die Rippen versetzen.

90

1. Angriff des Gegners mit Linksauslage; mit einem Schritt des rechten Fußes versucht er, Ihnen ins Gesicht zu schlagen; mit dem linken Fuß einen Gegenschritt machen und den Schlag mit einer Bewegung des linken Unterarmes nach außen oben lenken.
2. Der Gegner versucht aus tiefer rechter Stellung mit der linken Hand einen Tiefschlag, mit einer schwingenden Bewegung der linken Hand von oben nach unten und nach rechts den Schlag blokken.
3. Dem Gegner einen hackenden Gegenschlag mit der linken Handkante an den Hals versetzen.

1

2

3

91

Angriff des Gegners mit Linksauslage; mit einem Schritt des linken Fußes versucht er, Ihnen ins Gesicht zu schlagen; durch Ausweichen nach rechts den Schlag mit wegführender Bewegung des linken Unterarmes nach außen-oben lenken; gleichzeitig einen Gegenschlag mit der rechten Hand (Faust oder Fingerglied des gekrümmten Mittelfingers) in die Rippen oder in die Achselhöhle versetzen.

92

Angriff des Gegners mit Rechtsauslage; mit einem Schritt des rechten Fußes schlägt der Gegner mit der rechten Hand zum Gesicht; in leichte Kniebeuge gehen, mit Stütz auf den hinteren Fuß und leichter Drehung des Körpers linksherum den Schlag mit der linken Hand wegführen; gleichzeitig mit der rechten Faust dem Gegner ins Sonnengeflecht stoßen.

93

1. Angriff des Gegners mit Linksauslage; mit einem Schritt des rechten Fußes vorwärts schlägt der Gegner mit der rechten Hand zum Gesicht; Schritt nach links von der Angriffslinie weg und den Gegner vorbeilassen.
2. Den Arm des Gegners durch schmerzhaften Griff blocken, den rechten Arm von unten fixieren und mit dem linken Unterarm auf den Oberarm zum Bruch drücken.
3. Den Gegner zu Boden fallen lassen und in dieser Stellung durch schmerzhaftes Zusammenfassen festhalten.
4. Die Armhaltung beim schmerzhaften Zusammenfassen.

1

2

3

4

94

1. Angriff des Gegners mit Rechtsauslage;
2. Mit einem Schritt des linken Fußes schlägt der Gegner mit der linken Hand zum Gesicht; in leichte Kniebeuge gehen, den Schlag mit der äußeren Seite der beiden Hände nach oben lenken.
3. Der Gegner versucht mit der rechten Hand einen Schlag in den Bauch; mit den Handflächen durch schnelle Bewegung nach unten blocken.
4. Einen Gegenschlag mit beiden Fäusten ins Sonnengeflecht versetzen.

1

2

3

95

1. Angriff mit dem Messer in der rechten Hand.
2. Mit einem Schritt des rechten Fußes vorwärts sticht der Gegner zu Brust oder Bauch; mit einem Schritt nach links und einer Drehung aus den Oberschenkeln heraus mit der linken Hand durch abreißende Bewegung nach außen und von oben nach unten ablenken.
3. Gegenschlag mit der rechten Faust ans Kinn versetzen.

1

2

3

Fußtritte

96

1. Angriff des Gegners mit Linksauslage.
2. Der Gegner zielt mit einem geraden Schlag auf die Leiste; mit einem Schritt nach links und einer Drehung aus den Oberschenkeln aus der Angriffslinie gehen; gleichzeitig das Bein des Gegners blocken, indem man es in schmerzhaften Griff fängt: der rechte Unterarm von unten hingestellt, die linke Hand drückt von oben auf das Kniegelenk.
3. Das gefaßte Bein des Gegners kräftig nach oben reißen.
4. Den Gegner zu Boden werfen und niederschlagen.

1

2

3

4

1 2

97

1. Angriff des Gegners mit Linksauslage; der Gegner zielt mit einem Seitenschlag auf den Bauch; mit einer Drehung aus den Oberschenkeln aus der Angriffslinie gehen und den Schlag mit der linken Hand von oben nach unten ablenken.
2. In weiterer Bewegung einen Gegenschlag mit der linken Hand (vorgerücktes Fingerglied des gekrümmten Mittelfingers) dem Gegner ins Gesicht versetzen.

---

1 2

98

1. Angriff des Gegners mit Linksauslage; der Gegner zielt mit dem rechten Bein mit einem geraden Schlag aufs Gesicht; mit einer Drehung aus den Oberschenkeln aus der Angriffslinie gehen und den Schlag mit der linken Hand von unten blocken.
2. Der Gegner kommt auf dem rechten Bein zum Stehen und versetzt mit dem linken Bein einen Schlag aus der Drehung; mit einem Schritt nach rechts den Schlag mit der linken Hand durch wegführende Bewegung von unten blocken und gleichzeitig einen Gegenschlag mit der rechten Faust unter die Rippen versetzen.

99

1. Angriff des Gegners mit Linksauslage; der Gegner zielt mit einem geraden Schlag aufs Gesicht; mit dem linken Fuß einen Überkreuzschritt vor den rechten Fuß machen und so aus der Angriffslinie gehen; den Schlag mit dem linken Unterarm nach außen-oben wegführen.
2. Mit einer Drehung auf dem linken Fuß dem Gegner einen Gegenschlag mit der rechten Fußspitze in die Hoden versetzen.

1a

1b

2

Angriffe im Restaurant

100

1. Ihr Tischnachbar faßt mit der linken Hand Ihren Jackenaufschlag.
2. Den rechten Unterarm auf den Arm des Gegners legen.
3. Mit der linken Hand die rechte Faust umfassen und den Unterarm des Gegners kräftig zur Brust reißen.
4. Mit der äußeren Seite der rechten Faust dem Gegner einen peitschenden Schlag auf die Nase versetzen.

1

2

3

4

101

1. Ihr Tischnachbar hält mit der linken Hand Ihr rechtes Handgelenk fest.
2. Die linke Hand auf die Hand des Gegners legen.
3. Den rechten Unterarm über dem Unterarm des Gegners fixieren.
4. Mit einem Ruck seinen Arm an die Brust heranziehen, dabei mit dem rechten Unterarm auf das Ellbogengelenk drücken.

2

3

1

4

Angriffe im Arbeitsraum

102

1. Der Gegner faßt Sie mit der rechten Hand über den Tisch am Kragen.
2. Die rechte Hand, die einen Stift hält, auf das Handgelenk des Gegners legen.
3. Die Hand des Gegners durch schmerzhaften Griff entgegen der Uhrzeigerrichtung mit Druck drehen und den Kragen befreien.
4. Den Gegner heftig vorwärts reißen, auf den Tisch fallen lasen und durch schmerzhaften Griff festhalten.
5. Die Armhaltung beim schmerzhaften Griff.

1

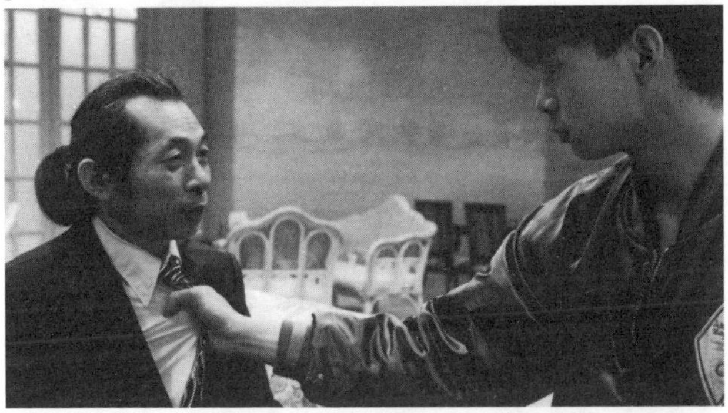

2

3

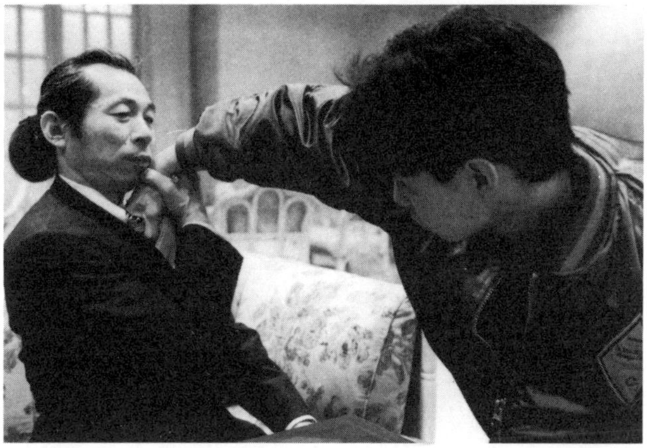

4

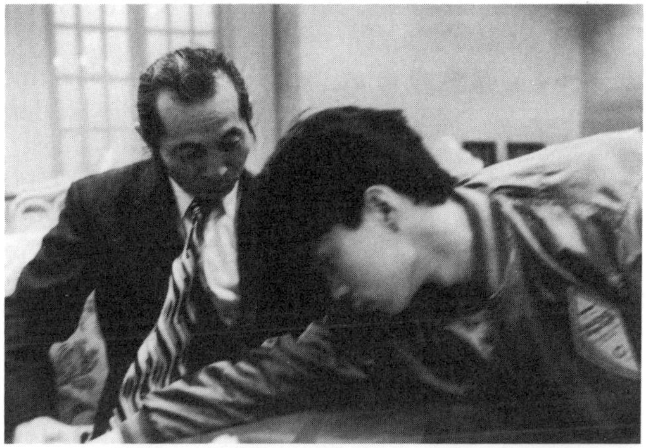

5

Angriffe auf dem Parkplatz

Anmerkung: Da es in Japan einen Linksverkehr gibt und das Lenkrad in den Fahrzeugen rechts angebracht ist, sind alle Griffe mit Bezug auf Europa „im Spiegelbild“ auszuführen.

103

1. Der Gegner öffnet die Tür Ihres Fahrzeugs, faßt Sie mit der linken Hand an der Schulter (und fordert Geld).
2. Dem Gegner einen peitschenden Schlag mit der äußeren Seite der rechten Faust in die Hoden versetzen.
3. Leichte Drehung auf dem Sitz machen und einen Fuß auf den Boden stellen, schmerzhaften Griff mit beiden Händen am linken Arm des Gegners ausführen.
4. Mit schmerzhaftem Druck auf das Ellbogengelenk den Gegner dazu zwingen, kopfwärts zu stürzen.

1

2

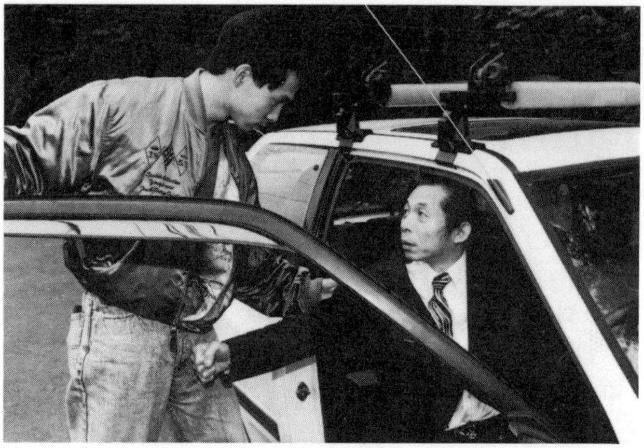

3

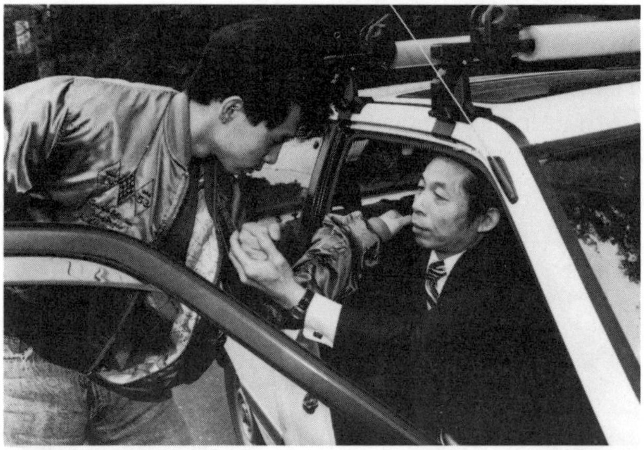

4

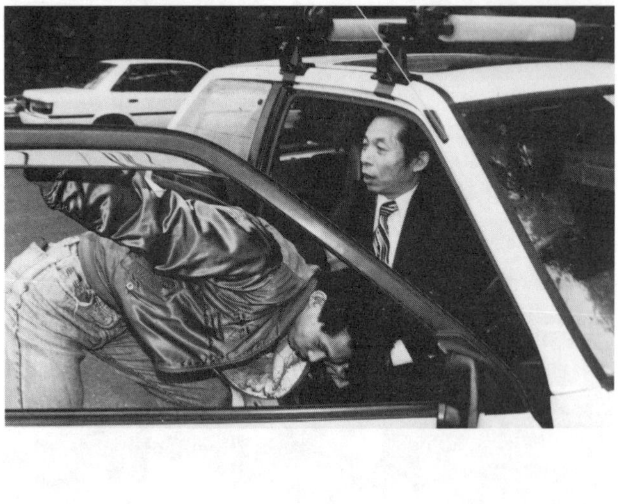

104

1. Der Gegner faßt mit der linken Hand durch die geöffnete Seitenscheibe Ihren Arm.
2. Mit leichter Körperdrehung draußen die linke Hand des Gegners festhalten; die rechte Hand unter den Unterarm des Gegners fixieren.
3. Mit einer Körperdrehung nach innen den Gegner hastig auf sich ziehen, dabei seinen Arm mit schmerzhaftem Griff umfassen.
4. Mit dem rechten Unterarm auf das Ellbogengelenk drücken und gleichzeitig durch schmerzhaftes Biegen des Handgelenks den Gegner zum Sturz kopfwärts zwingen.
5. Die Armhaltung beim schmerzhaften Griff.

1

2

3

4

5

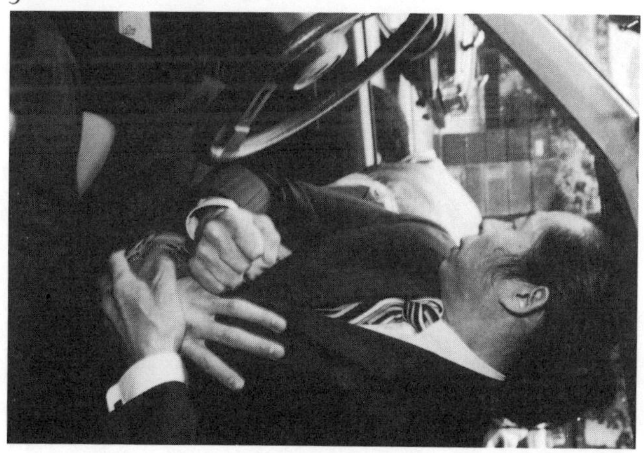

105

1. Der Gegner öffnet die Tür und faßt Sie mit der linken Hand am Haar in der Absicht, Sie aus dem Fahrzeug herauszuziehen.
2. Mit leichter Neigung nach außen mit der äußeren Seite der rechten Faust einen peitschenden Schlag dem Gegner in die Hoden versetzen.
3. Mit der rechten Hand die linke Hand des Gegners fassen, mit dem Daumen kräftig auf die äußere Seite seiner Handfläche drücken und durch Druck auf das Handgelenk dazu zwingen, das Haar loszulassen.
4. Mit der zweiten Hand die linke Hand des Gegners fassen und den schmerzhaften Griff am Handgelenk weiter ausführen, dabei mit den Daumen auf den Handrücken drücken.
5. Die Handhaltung beim schmerzhaften Griff.
6. Mit kräftigem Ruck den Gegner auf die Knie werfen, mit dem Kopf gegen die Tür des Fahrzeugs.

1

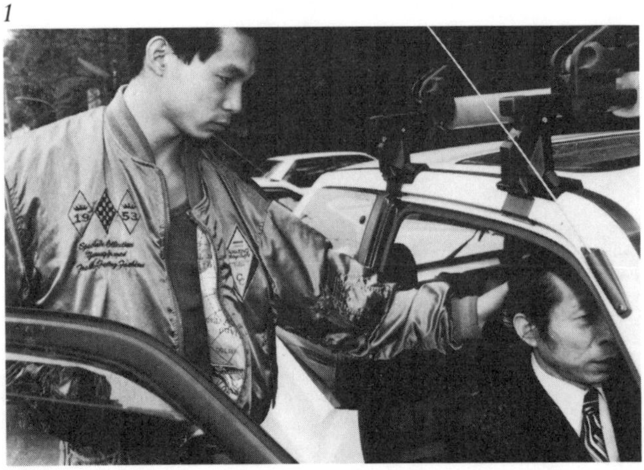

2

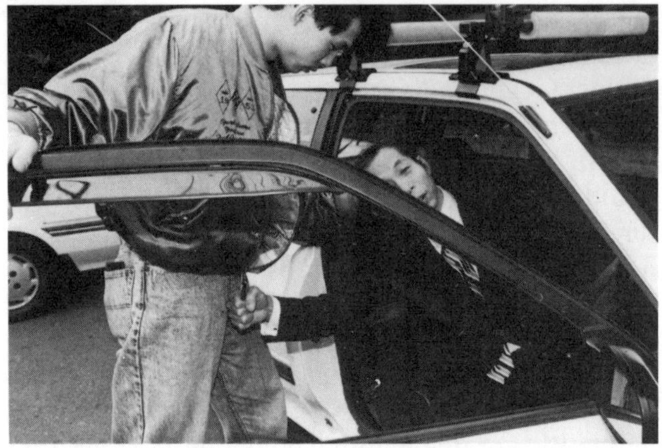

3

4

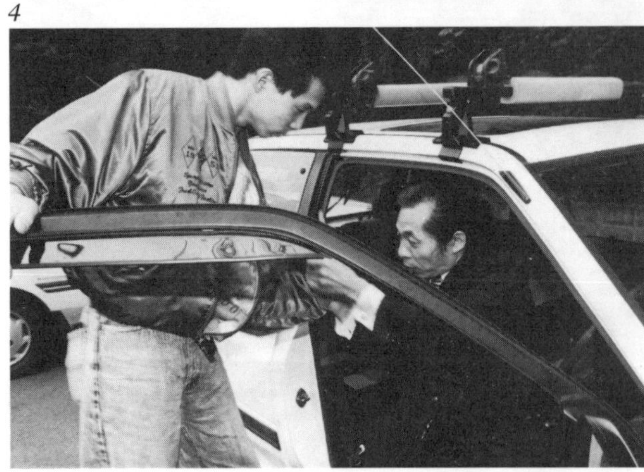

5

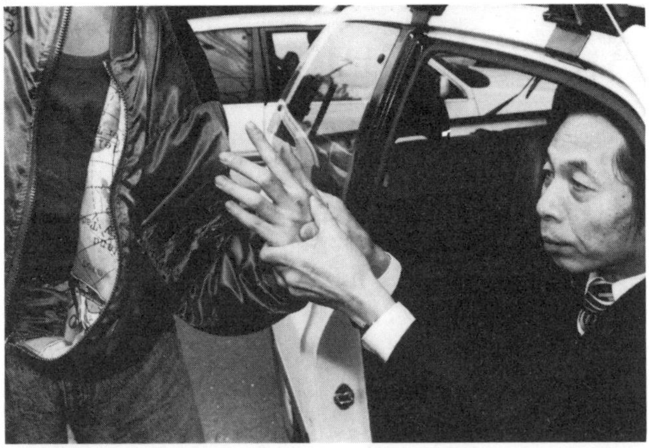

6

106

1. Der Gegner öffnet die Tür des Fahrzeugs, faßt die Aufschläge Ihrer Jacke in der Absicht, Sie aus dem Fahrzeug herauszuziehen.
2. Dem Gegner nachgebend sich auf dem Sitz ihm gegenüber drehen und die Füße auf den Boden stellen; beide Hände auf die linke Hand des Gegners legen.
3. Kräftig das Handgelenk des Gegners biegen und zum Sturz auf die Knie zwingen.
4. Die Armhaltung beim schmerzhaften Griff.
5. Aufstehen und den Gegner durch schmerzhaften Griff weiter festhalten oder ihn in den Nacken niederschlagen.

1

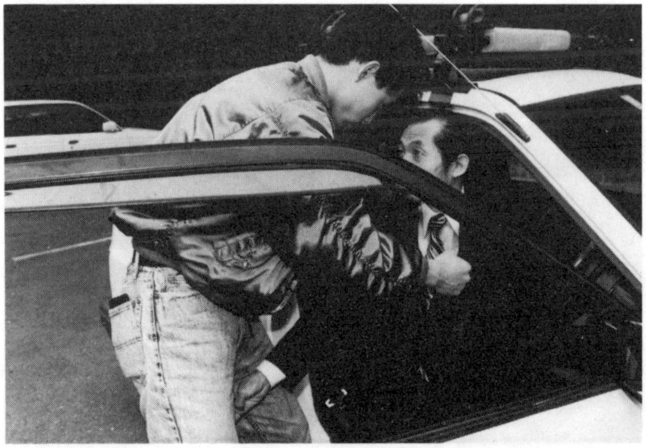

1

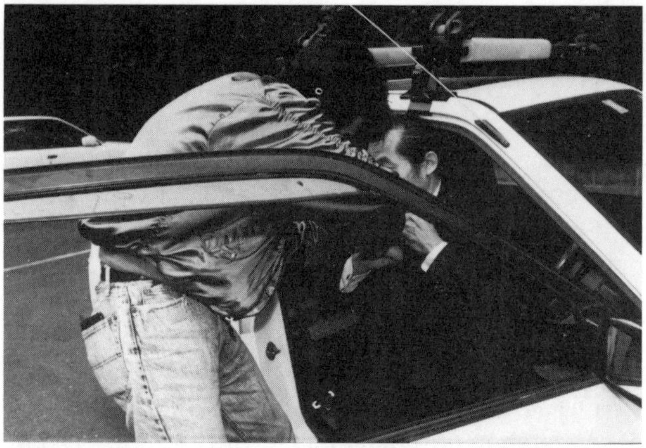

2

3

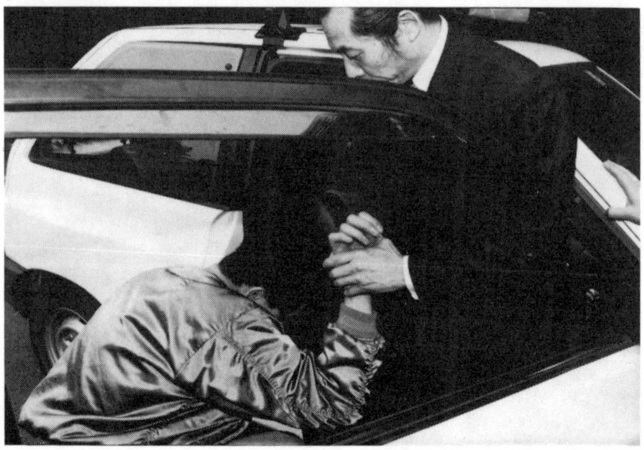

Angriffe auf der Straße

107

1. Der Gegner packt Sie von hinten an den Schultern.
2. Mit dem rechten Fuß einen Schritt zurück machen, leicht nach rechts beugen, den rechten Arm hinter den Rücken des Gegner bringen und seinen rechten Arm an die Brust drücken.
3. Mit dem rechten Arm die linke Schulter des Gegners unter dem Arm umfassen.
4. Mit einem Schritt des rechten Fußes und einer Körperdrehung linksherum das rechte Bein des Gegners stellen und durch Druck auf das Schultergelenk seinen linken Arm nach oben reißen, den Gegner zum Sturz kopfwärts zwingen.

1

2

3

4

1

108

1. Der Gegner umfaßt von hinten Ihre Brust.
2. Mit dem rechten Fuß einen Schritt rückwärts machen, leicht nach rechts vorneigen, dem linken Bein des Gegners das Bein stellen.
3. Den Körper aufrichtend mit dem Ellbogen kräftig unter die Rippen des Gegners stoßen und ihn aus dem Gleichgewicht bringen.
4. Den Gegner zum Sturz auf den Rücken zwingen und ihn niederschlagen.

2

3

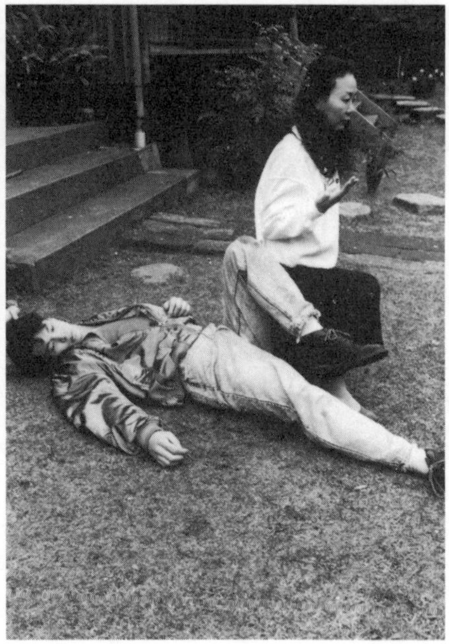

4

1

109

1. Der Gegner hält mit der rechten Hand Ihr linkes Handgelenk fest. Mit einem Schritt des linken Fußes nach links den rechten Arm des Gegners rückwärts schwingen lassen.
2. Mit einem Schritt des rechten Fußes dem rechten Bein des Gegners das Bein stellen. Gleichzeitig den rechten Arm auf die linke Schulter des Gegners legen.
3. In weiterer Bewegung mit einem Ruck den Gegner über das rechte Bein zu Boden werfen.
4. Das rechte Handgelenk des Gegners umfassen, seinen Arm nach dem Wurf zur Seite führen und mit der Ferse in die Achselhöhle niederschlagen.

2

3

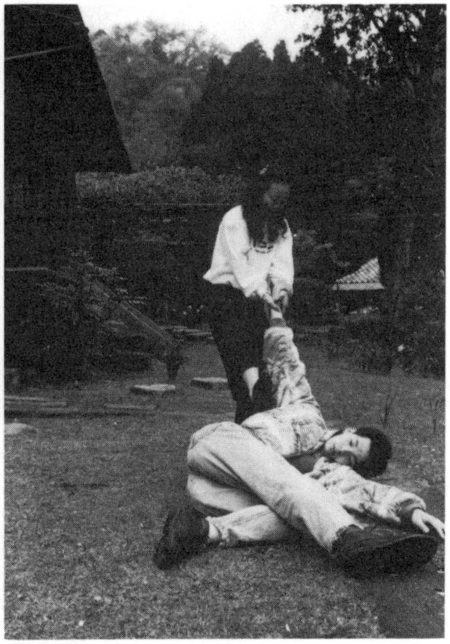

4

1

110

1. Der Gegner faßt Sie mit der rechten Hand am Kragen.
2. Mit Stoß der rechten Hand unter das Handgelenk den Arm des Gegners anheben.
3. Mit der rechten Hand das rechte Handgelenk des Gegners haltend, einen Schritt mit dem rechten Fuß vorwärts machen.
4. Mit dem linken Fuß rückwärts unter den rechten Arm des Gegners treten, dabei um 180° drehen. Gleichzeitig mit dem linken Ellbogen einen Schlag ins Sonnengeflecht versetzen.
5. Die linke Schulter als Hebel nutzend, den rechten Arm des Gegners im Ellbogengelenk biegen; gleichzeitig die Handfläche nach außen wenden und das Handgelenk biegen.

2

3

4

5

1

2

111

1. Der Gegner legt die Arme auf Ihre Schultern und faßt Sie am Kragen.
2. In leichte Kniebeuge gehen, Überkreuzschritt mit dem rechten Fuß vor den linken Fuß.
3. Mit einem Schritt des linken Fußes dem rechten Bein des Gegners das Bein stellen und mit Körperdrehung rechtsherum den Griff lösen.
4. Den Körper aufrichtend mit heftigem Druck des linken Armes auf die Brust und mit Beinstellen den Gegner zum Sturz auf den Rücken zwingen.
5. Mit der Ferse den Gegner niederschlagen.

3

4

5

Angriffe mit Waffen

112

1. Der mit einem Stock (Regenschirm) bewaffnete Gegner greift Sie an.
2. Mit Drehung aus den Oberschenkeln heraus von der Angriffslinie abweichen und den Stich vorbeilassen, gleichzeitig das Handgelenk des Gegners mit der linken Hand fassen.
3. Mit der rechten Hand den Stock fassen und ihn, als Hebel nutzend, mit einem Ruck heben.
4. Mit einem Schritt des rechten Fußes, den Stock (Regenschirm) als Hebel nutzend, den Gegner durch einen schmerzhaften Griff dazu zwingen, seine Arme über dem Kopf in unbequemer Haltung zu kreuzen, und ihn nach hinten umwerfen.
5. Die Handhaltung beim schmerzhaften Griff.
6. Mit einem Ruck den Regenschirm wegreißen und den Gegner damit niederschlagen.

1

2

3

4

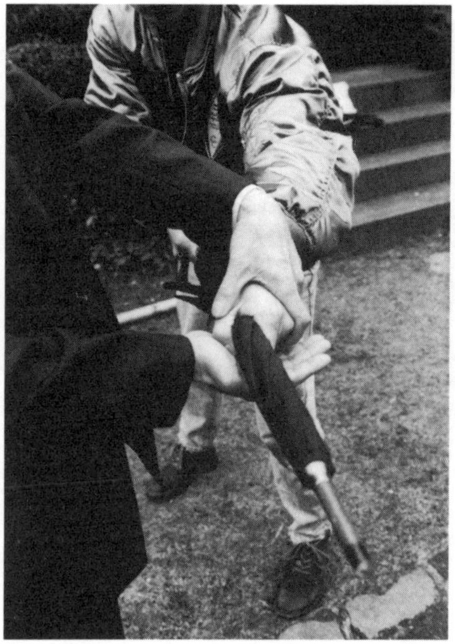
5

6

113

1. Der Gegner schlägt mit einem Stock zu.
2. Mit einem Schritt des linken Fußes den Schlag blocken und das rechte Handgelenk des Gegners fassen, gleichzeitig mit der rechten Handkante einen Gegenschlag unter die Rippen versetzen.
3. Mit der linken Hand das Handgelenk des Gegners verdrehen und gleichzeitig den Schlag vorbeilenken.
4. Mit einem Schritt des rechten Fußes vorwärts das Bein des Gegners stellen; gleichzeitig die rechte Hand auf den rechten Unterarm des Gegners legen, mit dem Unterarm und dem Ellbogen seinen linken Arm anheben.
5. Den Stock als Hebel nutzend auf die Ellenbeuge und auf das Handgelenk drücken und den Gegner zu Boden werfen.
6. Den Gegner mit der Ferse niederschlagen.

1

2

3

4

5

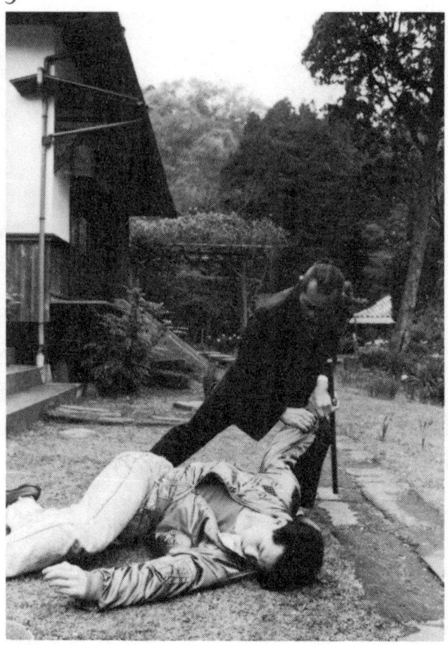

6

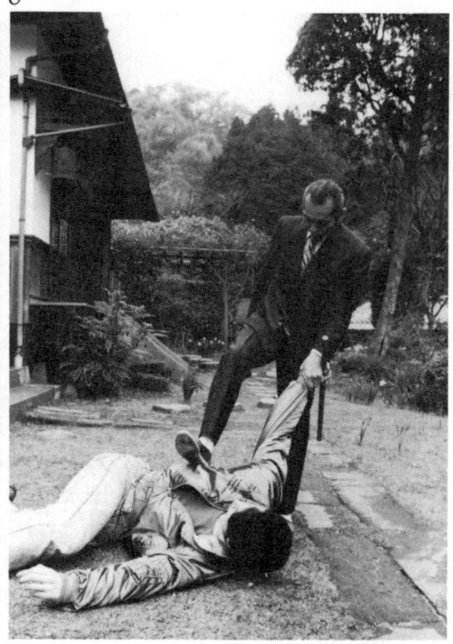

114

1. Der Gegner bedroht Sie mit einem Messer.
2. Mit einem Schritt des linken Fußes die Stichbewegung mit der linken Hand am Unterarm wegführen; mit der rechten Hand die Faust des Gegners fassen, mit der linken Hand die Faust von unten fassen.
3. Mit einer Drehung aus den Oberschenkeln heraus rechtsherum aus der Angriffslinie gehen.
4. Mit einer Drehung auf dem linken Fuß linksherum die das Messer festhaltende Hand des Gegners in Kurve entgegen der Uhrzeigerrichtung ziehen und auf das Handgelenk in derselben Richtung zum Bruch heftig drücken.
5. Den Gegner zu Boden fallen lassen und mit der Ferse niederschlagen.

1

2

3

4

5

115

1. Der Gegner geift mit einem Messerstich von oben an.
2. Den Schlag mit der linken Hand am Handgelenk des Gegners blocken und gleichzeitig einen Gegenschlag mit der rechten Handkante unter die Rippen versetzen.
3. Mit der linken Hand das rechte Handgelenk des Gegners halten und mit der rechten Hand seinen Ellenbogen von unten fassen.
4. Mit einer Drehung aus den Oberschenkeln heraus linksherum, den Unterarm des Gegners als Hebel nutzend, mit einem Ruck unter den Ellbogen nach oben und rückwärts den Gegner zu Boden werfen.
5. Den Gegner durch einen schmerzhaften Griff festhalten oder ihn niederschlagen.

1

2

3

4

5

Die Schule Seibu Tenshin-ryu

Die Schule Seibu Tenshin-ryu („Himmlische Seele des gerechten Kampfes“), die eine traditionelle Kunst des japanischen Nahkampfes darstellt, ist eine der exotischsten und zugleich effektivsten Schulen der fernöstlichen Kempo. Nach einer Legende wurden die Grundlagen der Schule schon im achten Jahrhundert in der chinesischen Tang-Dynastie geschaffen und seit jener Zeit in den Samurai-Clans Zentraljapans gepflegt.

Die historisch belegte Geschichte von Seibu Tenshin-ryu als komplexe Schule des Jiu-Jutsu reicht bis ins 16. Jahrhundert zurück. Die Technik der Schule blieb bis zum 20. Jahrhundert gehütetes Geheimnis des Stammes Ueno. Der achte Patriarch der Schule war Kujiro Nobuhisa Ueno, und sein Nachfolger war Yoshiakira Ueno, dessen zahlreiche Schüler nach dem Zweiten Weltkrieg, in der Zeit, in der die geheimen Kampfkünste der Öffentlichkeit zugänglich gemacht wurden, zur Leitung einer einflußreichen Kempo-Schule Hakko-ryu gehörten, die heute etwa hunderttausend Anhänger zählt.

Hideo Iwaki, einer der beiden Autoren des vorliegenden Buches, wurde unter Yoshiakira Ueno ausgebildet. Nachdem er den höchsten Meisterrang erhalten hatten, und zum Siegelbewahrer ernannt worden war, verallgemeinerte er die klassische Technik und gab ihr einen neuen Sinn, indem er einen eigenen Zweig der Schule unter dem Titel Seibu Tenshin-koryu-kempo („Kempo des gerechten Kampfes der alten Traditionen der Schule Tenshin“) mit Zentrum in Yokohama gründete.

Für die Technik Seibu Tenshin-koryu-kempo sind kennzeichnend Schnelligkeit und Vielfältigkeit eines Manövers, Anwendung von vorauseilendem Mitschlag und schmerzhaftem Zufassen – besonders wertvolle Eigenschaften beim Zusammenstoß mit einem Gegner, der an Kraft überlegen ist. Im Unterschied zu den meisten Karate-Schulen und dem Schaolinschen Kung-fu wird in der Schule Seibu Tenshin-koryu-kempo nicht der kräftige, durchdringende Schlag und der abschlagende Block zum Prinzip gemacht, sondern blitzschnelle Bekämpfung von verwundbaren Punkten des Gegners beim Herausgehen aus der Angriffslinie mit darauffolgendem Übergang zum schmerzhaften Griff.

Die Autoren

Alexander Dolin
Geboren 1949 in Moskau
Leitender Wissenschaftlicher Mitarbeiter des Instituts für Orientalistik der Russischen Akademie der Wissenschaften.
Übte Karate, Judo, sowie chinesisches Kempo (Wushu) aus.
Autor der Bücher:
„Kempo – Ostasiatische Kampfsportarten", Berlin, Sportverlag 1990.
„Kempo – Tradition der Kampfkünste", Moskau, Nanha, 1990 (Mitautor G. Popow).
„Ushu-Traditionen", Moskau, 1990 (Mitautor G. Popow).
„Ushu-Quellen", Moskau, 1990 (Mitautor A. Maslow).
Von ihm stammen auch drei wissenschaftliche Monographien über japanische Dichtung, viele Übersetzungen der klassischen und modernen japanischen Dichtung, Prosa sowie philosophischer Werke.

Hidco Iwaki
Geboren 1936
Von Jugend an übte er Karate aus, dann begann er mit dem Erlernen der Traditionen der Kempo-Schule Seibu Shindo Tenshin-ryu unter der Leitung des Meisters Yoshiakira Ueno.
1982 – zum Shihan (Oberlehrmeister) ernannt;
1990 – zum Hauptlehrmeister („Siegelbewahrer") der Schule Seibu Shindo Tenshin-ryu) ernannt;
1990 – Gründung der eigenen Schule Seibu Tenshin-koryu-kempo mit Schulzentrum in Yokohama.
Autor der Bücher (nur für internen Gebrauch der Schüler):
„Tiefbedeutung geheimer Kampfgriffe" (Mitsuden jissen waza-no okugi).
„Verallgemeinerung der Traditionen der Kempo-Schule Asayama-ichiden-ryu" (Asayama-ichiden-ryu taijutsu densho).
„Kempo-Schulen Seibu Tenshin-koryu" in zwei Bänden (Seibu Tenshin-koryu Kempo).

Kampfsport aus Fernost erschienen im Sportverlag

SPORT VERLAG

Alexander Dolin

Kempo – Die Kunst des Kampfes

Ostasiatische Kampfsportarten
Ein kulturhistorischer Überblick
392 Seiten, 142 zweifarbige Abbildungen
24,0 × 27,0 cm
Leinen mit Schutzumschlag

ISBN 3-328-00308-8

Karl-Dieter Alletter/Hans Stresius

Basistraining Kampfsport

144 Seiten, 450 Abbildungen
19,5 × 22,0 cm
gebunden mit Schutzumschlag

ISBN 3-328-00460-2

Chu Tan Cuong

VO VI NAM

Kampfkunst aus Vietnam
160 Seiten, 392 SW- und 16 Farbfotos
19,5 × 22,0 cm
gebunden

ISBN 3-328-00387-8

André Kraus/Winfried Wagner

Aikido – die elegante Selbstverteidigung

152 Seiten, 270 Fotos, 40 Zeichnungen
19,5 × 22,0 cm

ISBN 3-328-00538-2

Frantisek Sebej

Goju-Ryu-Karate für Einsteiger

224 Seiten, 385 zweifarbige Abbildungen
19,5 × 22,0 cm
gebunden

ISBN 3-328-00388-6

Gerhard Schmitt

Jiu-Jitsu für Einsteiger

Die japanische Selbstverteidigung
Offizielles Lehrbuch des Deutschen Judo-Bundes
144 Seiten, 350 Fotos
19,5 × 22,0 cm
gebunden

ISBN 3-328-00539-0